毎月
1万円から始めて
10年後には
1人10万円

最強のベーシックインカム

AIとロボットが働く時代のおカネのシステム

社会システム観察家
駒田朗
Komada Akira

シバブックス
SIBAA BOOKS

はじめに

「すべての国民におカネを配る必要がある」と聞くと、皆様はきっと驚かれるでしょう。なかには眉をひそめて怪訝な表情を浮かべる方も居られるのではないでしょうか。つい数年前までは、私もそうした1人でした。

しかし近年における驚くべきテクノロジーの進化を目の当たりにして、自分の中で何かが大きく変わり始めました。ディープラーニングという新しい手法を取り入れた人工知能が数年前に登場するや、それは瞬く間に進化し、世界トップレベルの囲碁棋士に競り勝ち、医学分野では人間に匹敵する画像診断能力を獲得し、無人で自動車をコントロールし、人間と対話するロボットも登場してきました。また自動化技術も格段の進歩を遂げつつあり、完全自動生産工場が登場し、レジのいらないコンビニエンス・ストアも実用化されつつあります。人間の労働力を必要としない社会が現実のモノになるのにはそう時間はかかりません。

これはもしかすると、テクノロジーが世界を本気で変えるかも知れない。

その先に待つのはユートピアなのかディストピアなのか。翻ってみれば今日、サブプライムローンバブルの崩壊に端を発した10年余りに及ぶ長い世界同時不況の時代から徐々に回復しつつあるとはいえ、慢性的な貯蓄の過剰と投資の不足を原因とする経済の長期停滞現象が完全に解消したと判断すべき状況ではなく、世界経済も日本経済もまだまだ安心ではありません。この景気回復は、どちらかと言えばアメリカや日本の株価の上昇に示されるように、再び資産バブルが膨張し始めたことによる一時的な好景気に過ぎない可能性もあるからです。もちろんこのまま何事も無く景気が順調に回復し、永遠に安定した経済が続けば良いのですが、歴史を見る限り世界経済は常にバブルとバブル崩壊を繰り返して来ました。その度に多くの人がバブル崩壊に伴うデフレ不況で仕事を失い、働く人の間でも所得格差が拡大し、多くの人々に不幸をもたらした一方で、今や世界で生み出される富の80％以上を世界トップ1％の富裕層が独占しているといわれています。そして性懲りも無く再び膨張をはじめた資産バブルが次なる崩壊の序章を奏で始めました。世界経済はまた同じ過ちの歴史を繰り返すのか？しかし、ここに来て急速に台頭してきた人工知能やロボット技術の進化、そして人間の労働力を必要としない社会の予兆……。

これはもしかすると、テクノロジーで今日の不毛な世界経済を変えるチャンスかも知れない。

そんなの短絡的な直感に過ぎない。そう思われるかも知れません。しかし本当にそうでしょうか。この本をお読みいただければ、今までの常識とは異なる、テクノロジーが進化した未来の経済システムをイメージしていただけるかも知れません。それは今日の社会に山積された多くの矛盾、社会問題を解決するための糸口となる可能性を秘めています。テクノロジーの進化がもたらす果実を正しく社会に還元できるなら、少子高齢化を乗り越えて未来の子供達のために豊かな社会を実現できるはずだと確信しています。

本書はベーシックインカムと呼ばれる制度、すなわち「すべての国民に分け隔てなくおカネを支給する制度」を中心に話を進めますが、これまでベーシックインカムあるいは経済の仕組みについてあまり考えた事がない方にも馴染み易いよう、登場人物による会話形式の少し砕けた感じの本にしてみました。

素敵なイラストも付けていただけましたので、どうぞ最後までお目通し下さいますようお願い申し上げます。

最強のベーシックインカム　◎　目次

第4章 おカネに縛られない自由な社会

【登場人物】

おカネが潤沢に循環する社会の実現を目指して活動中の正義のヒーロー？

ばらまきマン

みう

社会底辺の派遣社員。
いつもおカネに困っている貧乏女性。

ベーシックインカムの神様。地上のすべての生き物に富をもたらしているおおらかな存在。

神様

デフレ博士

おカネの価値に絶対の信頼を置いている男性。インフレを恐れている。

労働宣教師

労働が何より大切で、スキルやキャリアに価値を見出すキャリアウーマン。

第1章

政府は今すぐおカネをばらまこう！

ギラ
ギラ
ジーワ
ジーワ
ひゃ〜暑い暑い、お店で冷たいスイーツでも食べたい気分なのです。
でも今月はもうおカネがないし、水でがまんなのです。
はっはー
そこのお嬢ちゃん、おカネが欲しくないかい。
タダでおカネを貰える方法があるんだよ！
ええ？タダでおカネが貰えるって本当ですか？
はっはー
おカネ、欲しいです！
でもタダでおカネが貰えるなんていかにも怪しい話よね。何か変なことを要求するつもりでしょ。
そもそもあなた誰？額に『ば』とか書いてあるんですけど。それって馬……
馬鹿じゃなくて正義のヒーロー『ばらまきマン』だ！
はっはー
日本を豊かな国にするため、日夜はげんでいるんだよ！

(1) 国民がおカネをもらえるワケ

おカネを配って景気回復しよう

みう「ひゃ〜暑い暑い、お店で冷たいスイーツでも食べたい気分なのです。でも今月はもうおカネが少ないし、どうしようかな。今は時代が時代だし、節約が第一。コンビニのペットボトルで十分なのです」

ばらまきマン「はっはー、そこのお嬢ちゃん、おカネが欲しくないかい。タダでおカネを貰える方法があるんだよ」

みう「ええっ本当ですか？　おカネは欲しい、欲しいですよ〜。でもタダでおカネが貰えるなんていかにも怪しい話よね。代わりに何か変なことを要求するつもりでしょ。ていうか、そもそもあなた誰ですか？　額に『ば』とか書いてあるんですけど。それって馬……」

ばらまきマン「馬鹿じゃなくて正義のヒーロー『ばらまきマン』だよ、はっはー。世の中の仕組みを変え、日本を豊かで平等な国にするために日夜、啓蒙活動にいそしんでいるオッサンだ。まあボランティア活動みたいなもんだな」

みう「いや、ばらまきマンと言ってる時点で１００％怪しいと宣言してるようなものですけど。ていうか正義のヒーローなんて今どき流行らないんですけど。タダでおカネが貰えるっていうのは、どういうことですか。今すぐ貰えるんですか。ください」

ばらまきマン「はっはー（なんとセッカチなお嬢ちゃんだな）、残念ながら今すぐ貰えるわけではない。政府が行うことのできる経済政策の中に『国民におカネを配る』という政策がある。これを実現させることで、すべての国民が毎月一定額のおカネを貰えるようになるのだ。ふっふっ、何を隠そう、それがベーシックインカムと呼ばれる経済政策だ。ヘリコプターマネーと呼ばれることもあるぞ」

みう「すべての国民におカネを配る政策があるのですか？　それは知らなかったのです。すごく興味があるのです。そのベーシックインカムという政策が行われると、どれくらいのおカネが貰えるのですか？」

ばらまきマン「ベーシックインカムという政策は主張する人によって様々な違いがあるから、いくら貰えるかは一概に言えない。毎月８万円という人も居れば毎月10万円と主張する人も居るよ。しかしオレは最初から多額のおカネを配るんじゃなくて、給付金額を小額からはじめて徐々に増やす方法をお勧めしているんだ。例えば全国民に毎月1万円を支給することからスタートする。そして様子を見ながら次の年は毎月1万5０００円、その翌年は毎月２万円のように、徐々に貰える金額を増やしてゆく方法だ。急に多額のおカネを配ると社会が混乱するかも知れないから徐々に増やすわけ。**そうやって国民におカネを徐々に配るとみんながおカネを使うようになるから、消費が増えて国民が豊かになるし、景気も回復するし、経済も成長するわけだ。ふっふっ、一石二鳥、いや三鳥の凄い政策だろ」**

みう「ふ〜ん最初は毎月1万円かぁ、でも1年間だと合計で12万円だから馬鹿にできない金額よね。もし４人家族だったら年間48万円だからすごい金額なのです。でも、それってバラマキっていうヤツじゃない？　そんなことして大丈夫なの？　バラマキは悪いことだって新聞やテレビが言ってたから、ばらまきは悪いことなのです。最低です」

ばらまきマン「ほほう、ではおカネは欲しくないのかね、お嬢ちゃん」

みう「みゃ〜欲しい、欲しい、欲しい、おカネはぜ〜ったい欲しい。でもわたしは1円も損したくないです。損したくないけど、おカネはくださ い」

ばらまきマン「はっはー（恐ろしいほどストレートな性格だな）。おカネは欲しいけど自分は損したくない。大部分の庶民の正直な気持ちはそういうものだね。おカネを配ることはバラマキだから良くないと新聞テレビが毎日のように繰り返しているから、そう信じ込んでいる人が多いけど、本当はおカネが欲しいはずだし、おカネがあれば衣類や家電製品を買ったり、旅行をしたいと思うはずだ。しかしおカネを配ると損をするといわんばかりの報道を３６５日も見せられているから、おカネを配ることに不安感を抱く人が多いんだ。

だが安心したまえ。ベーシックインカム政策で国民に毎月一定額のおカネを配っても損する心配はない。**それどころか国民におカネを配れば国民が喜ぶだけでなく、企業も儲かるし経済も成長する。もちろん税収も増えるから財政再建もできるぞ**」

みう「国民におカネを配ると、国民が豊かになって企業も儲かって財政再建もできるんですか。そんなおいしい話は聞いたことがないのです。どうしてそうなるのですか？」

ばらまきマン「なぜなら、ベーシックインカム政策によって**『世の中のおカネが回り始める』**からだ。今の日本はデフレと言って、世の中を回っているおカネの量が足りない状態にある。だから足りない分のおカネを国民に配ることで不足を埋め合わせしてやるんだ。おカネの不足が解消されるわけだから、問題が起きるどころか具合がよくなる。わかるか？」

みう「全然わかりません。説明が下手です。まるでダメです。もっと分かり易く説明するのです」

ばらまきマン「はっはー（これは厄介なヤツに声をかけてしまったようだ）、おお、そういえば大切な用事を思い出した。んじゃま、申し訳ないがこれで失礼することに……」

みう「どこへ逃げようとしてるんですか、私にわかるように説明してください。私がおカネをもらえるかどうかの重大問題なんです。説明しないと騒ぎますよ。みなさ〜ん」

ばらまきマン「はっはー（汗）、わかった、わかった。これはだな、経済の基本的な仕組みを考えるとすぐにわかる。と言っても経済の基本的な仕組みは簡単だ。今日の経済は貨幣経済と言って、おカネが世の中をぐるぐる回る（循環する）ことで経済が成り立っている。

例えばお米屋さんとお肉屋さんとお魚屋さんがあるとする。

①　お米屋さんがお肉屋さんから１００のお肉を買って１００のおカネをお肉屋さんに払う。

②　その１００のおカネでお肉屋さんがお魚屋さんから１００のお魚を買っておカネをお魚屋さん

循環するおカネと経済のイメージ

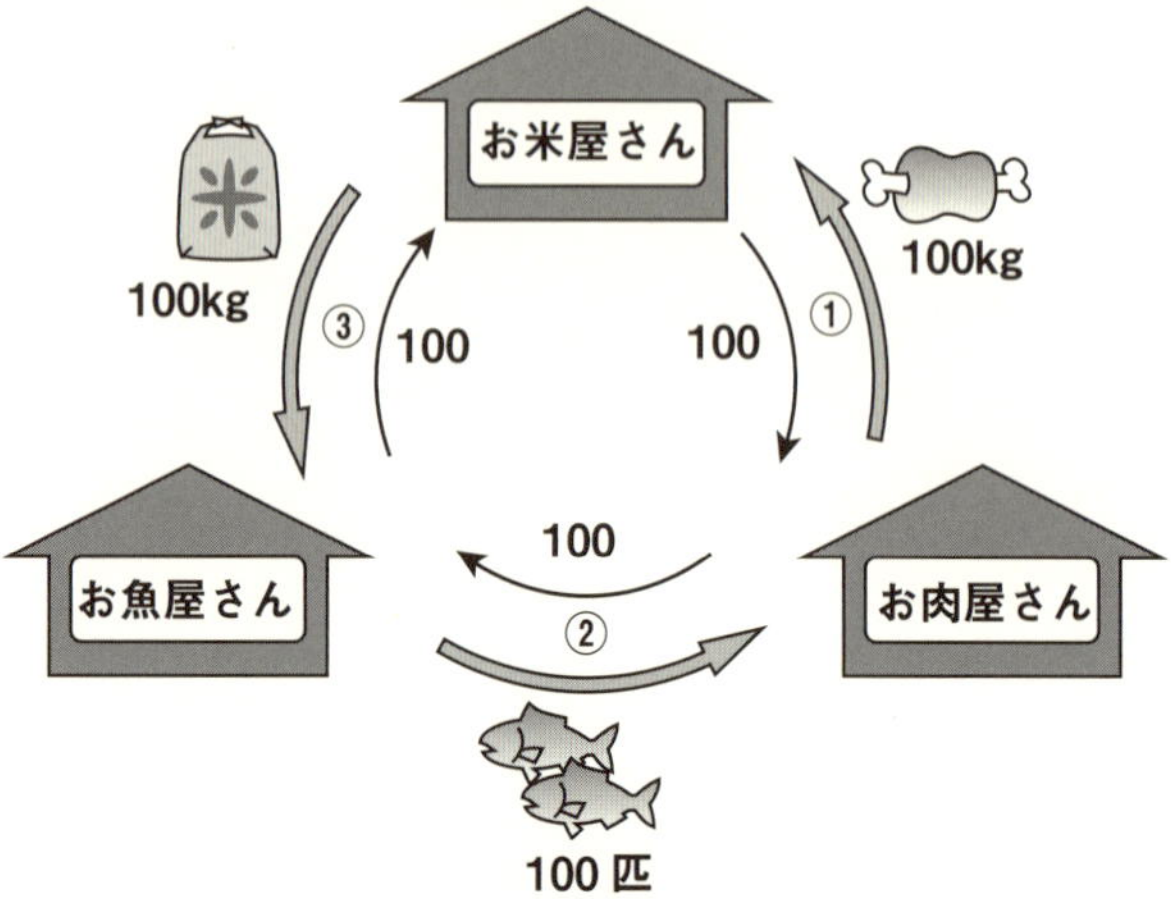

おカネがお米屋さん→お肉屋さん→お魚屋さん→お米屋さん…のようにクルクル回ることで、精算された財（モノ）やサービスが交換される。

⬇

もしお金が減ってしまったら……

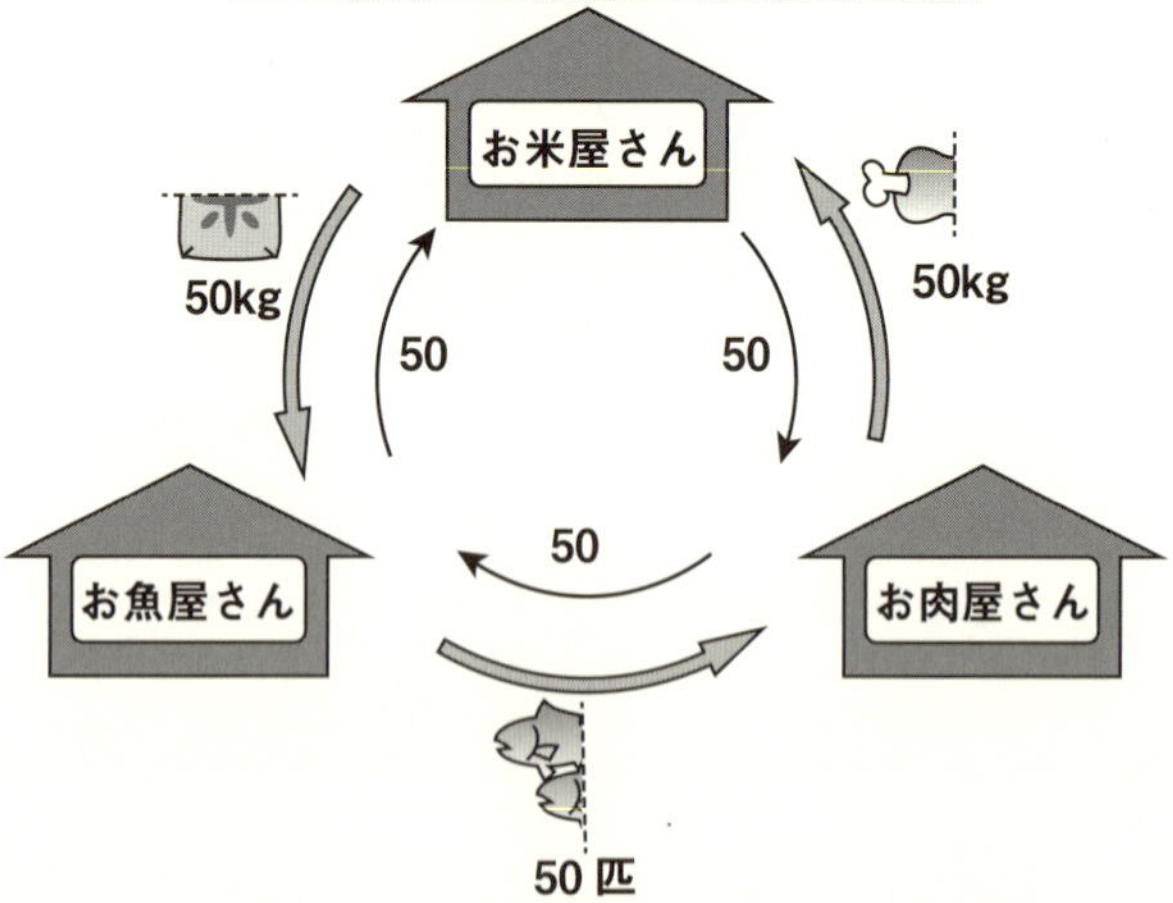

循環するおカネが減ると、交換される財の量も減ってしまう。

→景気が悪くなる。

に払う。
③　その１００のおカネでお魚屋さんがお米屋さんから１００のお米を買っておカネをお米屋さんに払う。
こうして１００のおカネがお米屋さん↓お肉屋さん↓お魚屋さん↓お米屋さんという具合に回ることで、それぞれの人が生活に必要な物資を手に入れている。

もし何らかの原因で回るおカネが50に減ってしまったら、お米やお肉などの交換量が50に減ってしまうから、すべての人が貧しくなってしまうんだ。逆に言えば、おカネがどんどん回ると交換が活発になるから、より多くのお米やお肉などが人々にゆきわたり、すべての人が豊かになるんだ。どーだ、すごいだろ」

みう「ん〜、考えてみると当たり前なのです。誰でもわかるのです」

ばらまきマン「はっはー（おいおい少しは感動してくれよ）、そういうことだよ。ところで今の世の中はデフレだといわれている。デフレとはデフレーションの略で、これは物価（モノやサービスの値段）が毎年徐々に低下していく現象のことだ。またデフレとは世の中のおカネが回らなくなることでもある。なぜおカネが回らなくなることとデフレが関係するのか？

モノが売れないと企業の売り上げが落ちる。これは先ほどの例と同じようにおカネが回らないことを意味する。企業は売り上げを増やすために商品を値下げしなければならなくなるから物価が下がる。これがデフレと呼ばれる状況だ。商品を値下げすれば利益が減るから、従業員に支払われる給料も減ってしまう。これもおカネが回らないことを意味する。そして給料が減るからますますモノが売れなくなるという悪循環に陥ってしまう。それが今のデフレ日本の経済なんだよ。政府は『日本はデフレではなくなった』と言うが実際のところ消費はあまり伸びておらず、デフレを脱却したと呼べる状況ではない。みんなの給料が増えないのもそのためだよ。

デフレ不況は世の中を回るおカネの量が不足すると発生すると考えられる。それは先ほどお米屋さん、お肉屋さん、お魚屋さんの話と同じだ。だから不足しているおカネを人々に配るわけだ。人々はそのおカネでモノやサービスを買うはずだ。すると企業の売り上げも増えるから企業が儲かって従業員の賃金も上がる。**つまり国民におカネを配ると世の中を回るおカネが増えるんだ。国民がおカネを貰って生活にゆとりが生まれるだけでなく、景気が回復して経済も成長するんだ。だからベーシックインカムという政策で、国民に毎月おカネを配る意味があるんだ。**はっはー」

みう「おカネが不足すると本当に景気が悪くなってデフレ不況になるのですか。実例はあるのですか」

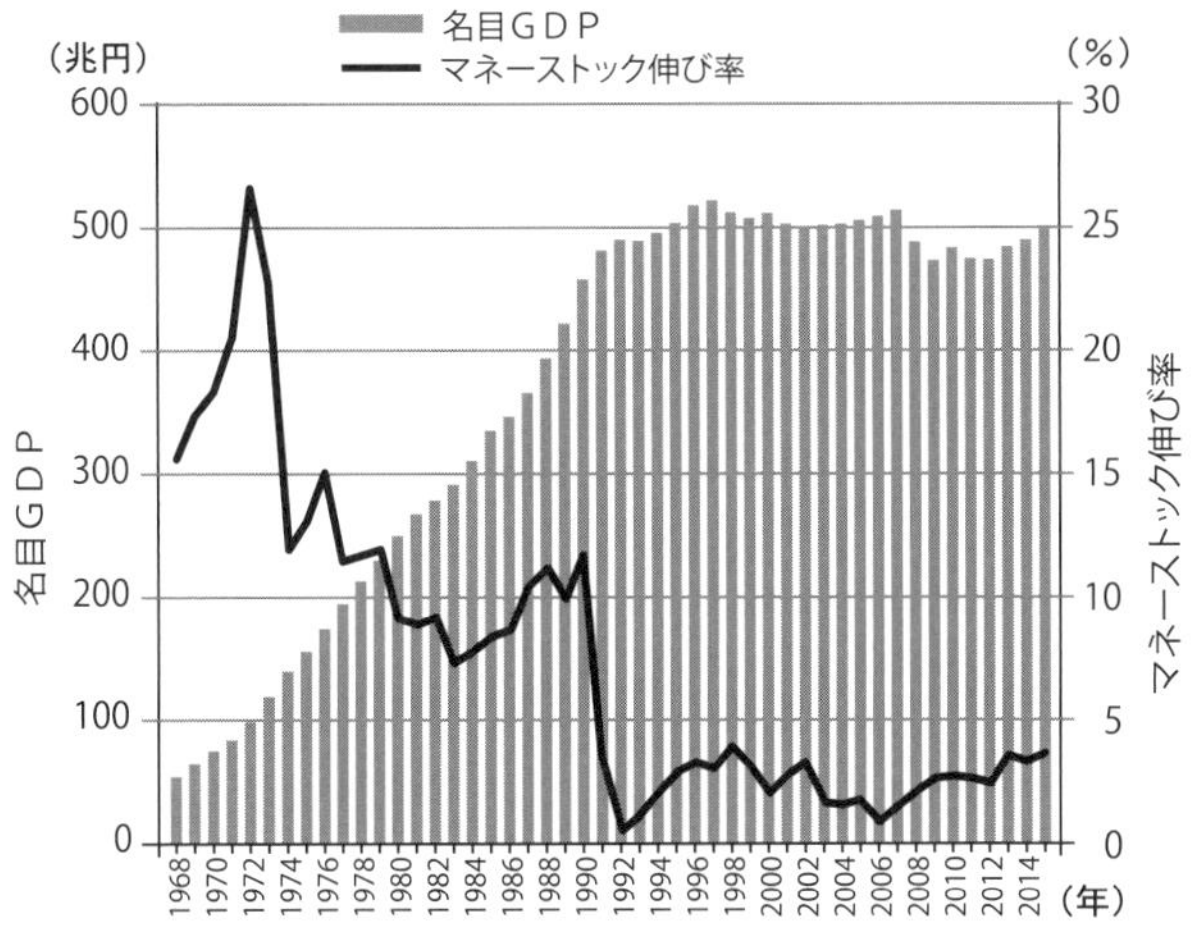

図1　マネーストックと名目ＧＤＰの長期推移

データ出典：内閣府 日本経2016-2017 長期経済統計

図2　マネーストックと名目ＧＤＰ前年度比の長期推移

データ出典：内閣府 日本経2016-2017 長期経済統計

ばらまきマン「実例として日本を見てみよう。（図1）（参考資料※1）これは毎年新たに世の中に供給されるおカネの量（マネーストック）の伸び率を折れ線で示し、名目GDP（国内総生産）の金額を棒で示したグラフと重ねたものだ。おカネの伸び率とは、毎年どれくらいの割合でおカネが増えるかということだよ。またGDPは日本の会社の売り上げ利益を全部足し合わせたような数字なので、GDPが大きければ大きいほど経済活動が活発だと考えていい。

おカネの伸び率は1990年頃に大きな変化があることに気付くはずだ。それまで毎年おカネが年率7〜10％程度の割合で増えていたのだが、1990年ごろにそれが急激にほとんどゼロにまで下がっている。それ以後は毎年3％程度しかおカネは増えていない。それと同時にそれまで5％以上の高い伸びを示していたGDPがピタッと伸びなくなってしまった。これはちょうどバブル経済の崩壊時期と重なる。

おカネの伸び率と経済成長率の関係は前頁のグラフ（図2）（参考資料※1）にも示した。これはおカネの伸び率と名目GDPの成長率とを同時に表示したものだが、このように、おカネの伸び率と経済成長率には極めて強い相関関係がある。1990年ごろにおカネの伸びがガクッと減ってその後はおカネの伸びは小さい。すると経済成長率もガクッと小さくなり、それどころかマイナスにまでなってしまった。世の中のおカネが十分に増えなければ経済は成長しない、おカネが増えなければ景気は決して良くならないんだ。これは最初に説明したお米屋さん・お肉屋さん・お魚屋さんの話と本質的に同じことを意味している。お米屋さん・お魚屋さん・お肉屋さんがどんなに頑張って働いても、おカネが不足すれば経済は良くならない」

みう「なるほど、世の中のおカネが少ないと経済成長しないし景気も良くならない。だからデフレの今はおカネを回すために国民におカネを配っても大丈夫なのですね。おカネを配ると景気が良くなって経済も成長するのです。納得したのです、そのベーシックインカムをすぐにやるべきなのです。なにより私はおカネが欲しいのです。貧乏は嫌なのです」

まてええい！
詐欺師め！
お金を粗末にしたら天罰が下るぞ！天罰が！
いきなり顔のアップにびっくりしたのです。
出たな、マッドサイエンティスト！また、俺の邪魔をする気だな！
はっはー
誰がマッドじゃ。わしはデフレ博士。おカネの価値が何より大切と考えておる。
私、おカネが欲しいんですけど、おカネ配ったらダメなんですか？
ダメじゃ、ダメじゃ！そんな事言ってたらハイパーインフレになるぞ！
ハイパーインフレって
なにそれ
何ですか？
物価がどんどん高くなるってことじゃ。今は100円のリンゴが来月は200円。再来月は300円。しまいには1万円になるかも知れんぞ。
10,000円
20,000円
25,000円
そうなったら、お前さんの給料じゃあ、食べて行けなくなって大変なことになるぞ。
うひひ大変じゃ！

インフレでも生活は困らない

怪人デフレ博士「まてえぇい詐欺師め、また若い者をたぶらかせておるな。おカネを粗末にしたら天罰が下るぞ天罰が、きえぇえっ」

ばらまきマン「出たなデフレ博士。また俺の邪魔をする気だなマッドサイエンティストめ」

デフレ博士「誰がマッドサイエンティストじゃ、わしはデフレ博士じゃ。おカネの価値をこよなく愛する貨幣愛に溢れる者じゃ。この世で大切なのはおカネじゃ。何があってもおカネの価値を守らねばならん。国民にタダでおカネを配るなどおカネを冒涜しておるわい」

みう「私、おカネが欲しいんですけど、国民におカネを配ったらダメなんですか？」

デフレ博士「だ〜めじゃダメじゃ、そんな罰当たりな事をするとおカネの価値が失われて、ハイパーインフレになるぞ。ハイパーインフレ、ハイパーインフレ、恐ろしいぞ。おカネのたたりじゃ」

みう「ハイパーインフレって何ですか？」

デフレ博士「ほえ、おぬしハイパーインフレも知らんのか。最近の若い者はこれじゃから困るのう。よいか、ハイパーインフレ（ハイパーインフレーション）というのは物価がどんどん天井知らずで上がっていくことじゃ。例えば、今は1個100円のりんごが来月は200円、再来月は300円と、しまいにはりんご1個が1万円になるかも知れんぞ。そうなったらお前さんの給料じゃあ、満足に食べるものも買えなくなって大変なことになる。おカネを国民に配ればおカネの価値が暴落してハイパーインフレになるのじゃ。うひひひ」

みう「へえ？　本当にハイパーインフレになるのですか。そんな話は聞いたことがないんですけど」

デフレ博士「過去にはハイパーインフレになった国がある。今からおよそ100年前の1920年代の昔、ドイツでハイパーインフレが起きたんじゃ。ドイツ政府がおカネをどんどん刷った結果、物価の上昇が止まらなくなった。この時の悲惨な状況は写真にも残っておるが、おカネがほとんど紙くず同然の価値になってしまい、なんとパン1個が1兆マルクにもなり、リヤカーに札束を山積みにして買わねばならないほどじゃった。毎日のようにモノの値段が上がるんじゃ。これは大変じゃあ、大変じゃあ、そんなことになったら、もう世の中はおしまいじゃぞ、うひひ、おしまいじゃ」

みう「なんか嬉しそうですね」

デフレ博士「な、何をいっとるんじゃ、心配しておるのじゃよ。世の中はおカネの価値が何より大切じゃ、おカネの価値は1円たりとも下げてはならん。そんなことしたら、ワシの貯めたカネの価値が……もとい、庶民の生活が損なわれてしまうのじゃ」

みう「う〜ん、おカネは欲しいけど、モノがすごく値上がりしたら困るのです。ハイパーインフレにならないように、おカネを配ることはできないのですか」

ばらまきマン「はっはー、ハイパーインフレを心配する必要はまったくない。どうしてインフレになるのかをよく考えるのだ。『インフレはおカネの価値が落ちるから生じる』と一部の新聞テレビでは説明しているけど、それは大きな間違いだ。**インフレはおカネの価値が落ちるから生じるのではない。市場におけるモノやサービスの売買の際に発生する。例えば、景気が良くなると市場ではモノがどんどん売れて、モノの生産が間に合わなくなる。するとモノが足りなくなるから価格が上昇する、これがインフレの原因だ。**つまりモノの供給が追いつかなくなるからインフレになるわけ。これは好景気を通り越して景気過熱と呼ばれる。

そしてモノの値段が上がるということは、裏を返せばおカネの価値が落ちることを意味する。つまりおカネの価値が落ちるからインフレになるのではなく、モノが不足してインフレになるからおカネの価値が落ちる。新聞テレビの話は順番があべこべなんだ。もちろんインフレの原因は他にもいろいろあるけど、供給以上に需要があるから市場を通じてインフレになるというのがインフレの基本的な考えだ。おカネの価値が落ちるからインフレになるのではない」

みう「じゃあ昔のドイツも、景気が良くなってモノが売れすぎたからモノが不足してハイパーインフレが起きたのですか？　景気が良くなるとリヤカーに札束を積んでパンを買うのですか。すごいのです」

ばらまきマン「はっはー（そんなわけねえだろ）、そうじゃないんだ。モノが不足すると言っても2種類ある。一つは需要が爆発的に増えたとき。消費が過熱して生産が追いつかなくなる場合だ。もう一つは何らかの原因で生産能力が低下してモノが生産できなくなったとき。供給がストップしてしまう場合だ。昔のドイツの例は二つ目に該当する。1920年代のドイツのハイパーインフレは非常に特殊な経済環境によって引き起こされたので、平時におけるインフレの考え方は通用しない。

当時は第一次世界大戦の直後であり、その戦争でドイツは負けたんだ。戦争によってドイツの生産施設は破壊され領土も失った。しかもハイパーインフレの始まる直前の1923年に、ドイツは鉱業・工業地帯であるルール地方をフランスに一方的に軍事占領されてしまった。戦争で国土がすっかり荒廃したうえ領土も施設も奪われてしまったから、人々の生活を支えるためのモノやサービスの生産能力が低下してしまい、モノが不足して激しいインフレを引き起こした。こうした生産能力の破壊によるインフレは、第二次世界大戦により国土が破壊された日本でも生じている。

さらにドイツは敗戦国だったから、戦勝国から天文学的な金額の賠償金を要求されたが、これはドイツの支払い能力の限界を超えていた。国民から税金を集めても払いきれないので、賠償金を支払うためにおカネが大量に発行された。当然ながらこのおカネはベーシックインカムのように国民に分配されたのではなく、賠償金として外国に支払われた。だから国民の所得はあまり増えないのに、物価がどんどん上昇することになった。

こうした戦後賠償金という要因もあって、当時のドイツでは大量のおカネが発行されることになったんだ。どのくらいのおカネが発行されたかと言えば、おカネの量がわずか数年で戦争前の２０００倍になったらしい。これではハイパーインフレにならない方がおかしい。**要するに『無茶苦茶』だったんだ。こんなことは今日の日本や他の先進国では起こり得ない。だからハイパーインフレを心配する必要はない**」

みう「なるほどなのです、戦争で国土が破壊された上、さらにおカネを天文学的に増やしたからハイパーインフレになったのですね。同じことは平和な日本ではあり得ないのです」

ばらまきマン「その逆に、人々の生活が豊かになると同時に高インフレが起きた事例もある。これは日本の高度成長期（およそ1950〜1970年頃）なんだよ。高度成長期のインフレ率は毎年5％くらいだった。今の日本のインフレ率は1％にも満たない状況だから、高度成長期は今の5倍以上インフレだったと言える。たとえば5％で20年間物価が上昇すると20年後の物価はだいたい2・6倍くらいになる。今の感覚だと『大変だ』と思うかもしれないな。しかし、その一方で高度成長期の賃金は1955年から1975年にかけて20年で7倍くらいになっている。インフレになっても所得がそれ以上に伸びていたからむしろ豊かになったんだ。だからインフレ、インフレと過剰に騒ぐ必要はないんだ」

みう「お給料が20年で7倍！　すごいのです。私のお給料が毎月15万円だから、それが毎月105万円になったら、物価が上昇しても全然心配ないのです」

ばらまきマン「もちろん、第一次大戦後のドイツのように1000倍も2000倍もおカネを発行すればハイパーインフレになるのは当たり前だ。おカネを発行して国民におカネを配ってもいいけど、配りすぎたらダメということなんだ。インフレが激しくならない程度におカネを配ればOKだ」

デフレ博士「そんな都合の良いことはできない。どんどん物価が上昇して止まらなくなるぞ」

ばらまきマン「はっはー、それができるんだな。**インフレターゲット（インフレ目標）と呼ばれる方法を併用すればインフレのリスクを低減できる。**これは別に難しい話じゃない。例えばインフレターゲットを３％とした場合、物価の伸び率が３％に達するまでおカネを配り続けるけど、３％を超えたら配るおカネの量を減らすんだ。すると国民の購買力が減るから、モノが売れなくなって物価の上昇は鈍るというわけ。国民におカネが無ければそれ以上にモノを買うことはできないから、物価上昇は収まる。つまり『歯止め』をきちんと設定することが重要なんだ」

みう「そっかー、おカネを配ってもいいけど、何の歯止めもなく配り続けるのは良くないのです。おカネを配る量をきちんと調整すれば、ハイパーインフレの心配はないのです」

デフレ博士「ふん、都合の良い話じゃな。実際にどうなるか、わからんじゃろ」

ばらまきマン「なんなら日本経済の実例を見てみよう。

おカネの量が毎年伸びても、物価の伸びはそれより低くなる。(図3)(参考資料※1)このグラフは1968年から2015年までのおカネの量の伸び率と物価の上昇率を示したものだ。物価の上昇率で1973年頃と1979年頃に急激な上昇がみられるけど、あれはオイルショックと言って中東戦争やイラン革命によって石油の価格が高騰したことによるインフレだ。そうした異常事態を除けば、おカネの伸び率よりも物価の上昇率は必ず低くなっている。特にバブル経済の頃はおカネの量が毎年10%近くも伸びたのに、物価は2~3%程度しか伸びていない。1990年のバブル崩壊以後でも毎年3%くらいおカネを増やしているけどインフレ率はゼロあるいはマイナスといった具合で、デフレ不況になっているほどだ。

つまり、毎年5%や10%程度のおカネの増加量であれば、ハイパーインフレを心配する必要なんかまったくないんだよ。世の中のおカネの量(マネーストック)はおよそ900兆円(2017年)なので、その5%と言えば年間45兆円だ。これを国民1人当たりに換算すれば年間37万円にもなる。かなりのおカネを増やすことができるとわかるよね。むしろ最初にも説明したように、おカネを増やさないためにおカネが回らなくなって税収が減少したり、貧富の格差が拡大したりするといった問題が生じているんだ」

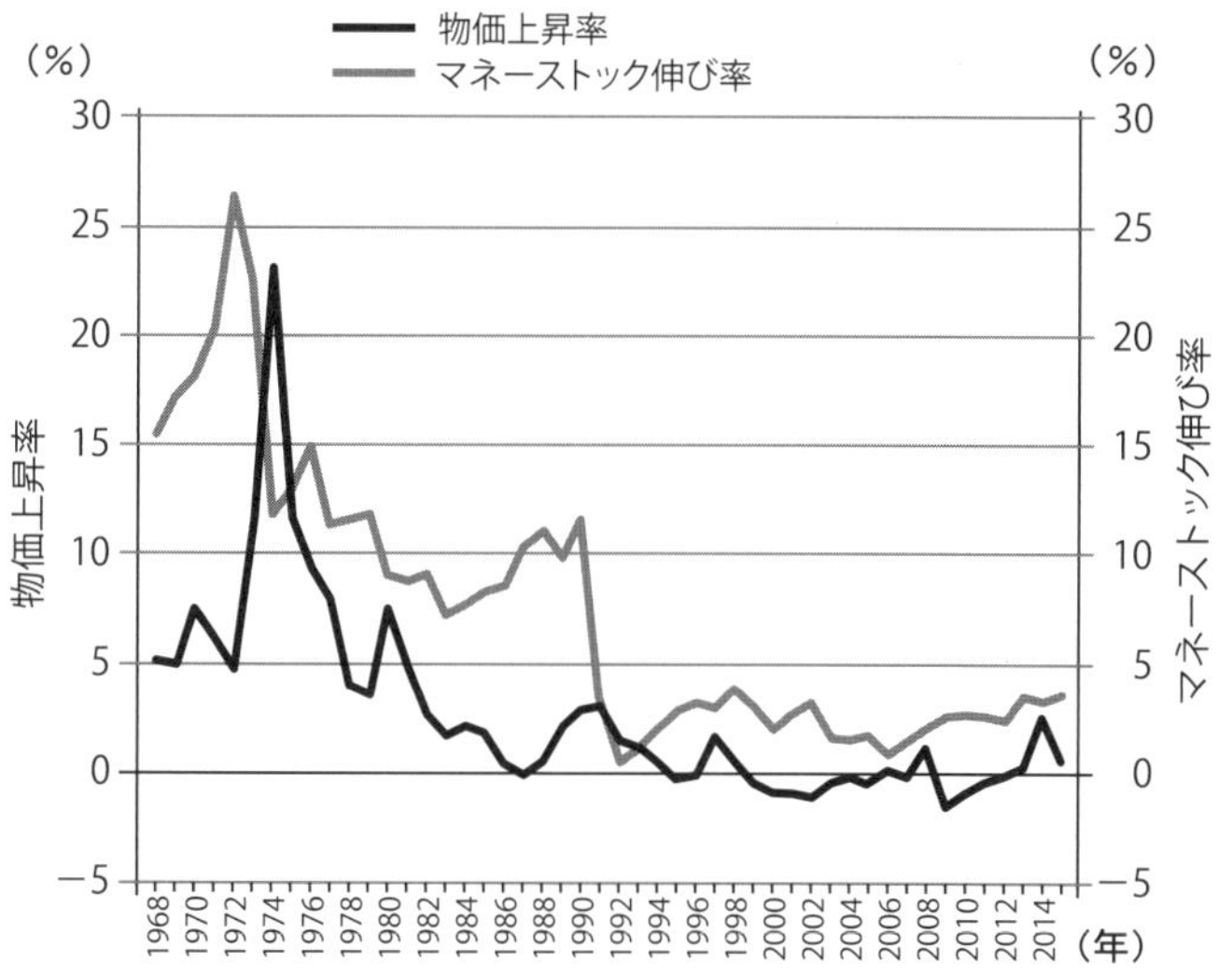

図3　マネーストックと物価上昇率の長期推移

データ出典：内閣府 日本経2016-2017 長期経済統計

世の中のおカネが増えると給料も増える

デフレ博士「ふん、インフレになってもそれ以上に賃金が増えるから問題ないと言うておるが、賃金が上がらなかったらどうするんじゃ？　インフレになって賃金が上がらなければ大変なことになるぞ。そもそも、おカネを配るとなぜ賃金が増えるのじゃ。不安に思わんのか」

みう「そう言われてみると不安になってくるのです。ベーシックインカムでおカネがもらえるから所得が増えるのは間違いないけど、賃金も増えないと困るのです。賃金は本当に増えるんですか。世の中のお金がドンドン増えた日本の高度成長期に賃金が増えたのはどうしてなのですか」

ばらまきマン「はっはー、何も難しいことじゃない。**高度成長期にどうして賃金が増えたのか？**　これは二つの側面から考えることができる。**一つは日本の生産力が増えたことだ。**政府が公共投資をして道路や港湾等のインフラを整備し、企業が設備投資して工場や工作機械を作ったことで、モノやサービスを生産する能力が飛躍的に拡大した。日本の生産力が高まったことで、より多くの財（モノやサービス）を生産できるようになった。より多くの財が生み出されれば社会全体が豊かになるのは当然だから、そのおかげで賃金が増加したと考えることができる。

もう一つは世の中のおカネの量が増えたことだ。というのも最初に説明したように、貨幣経済では世の中をおカネがぐるぐる回ることで、そのおカネを介して経済活動が行われる。生産力が拡大してより多くの財が生み出されるようになれば、それを交換するために必要なおカネの量も多くなる。だから世の中のおカネは必ず増えるようになっているんだ。そして循環するおカネの量の増えることが経済成長を意味するんだ。ＧＤＰ（国内総生産）の金額が大きくなるのはそのためだ。そして循環するおカネの量が増えれば企業の売り上げも増えるから、労働者の賃金も増える。

では、増えたおカネはどこから来たのか？　**おカネを発行したから増えたんだよ。**おカネは勝手に湧いて出るわけじゃない。世の中のおカネを増やしたから循環するおカネが増えたんだ。おカネを発行することは当たり前の話なんだ。**だからおカネを発行して、これをベーシックインカムとして国民に平等に配ったとしても何も不自然じゃない。**

こうして、ベーシックインカムを実施すると全国民がおカネを貰えるだけじゃなく、それで世の中のおカネが増えるから賃金も増えるんだ。ただし、おカネが増えると景気が良くなってモノがどんどん売れるようになるからインフレになりやすい。しかしそれは国民の所得が増え続ける以上、ある程度は避けられないんだ。だが高度成長期を考えてもわかるように、インフレになってもモノやサービスの生産力が増え続ける限り、それ以上に所得は伸びるから心配はないのだよ」

みう「そうか、生産力が拡大すればおカネを増やすのは当たり前なのです。だからおカネを増やして国民に平等に配るベーシックインカムは何の問題もないのです。奇抜なことでもなんでもないのです。ところで、世の中のおカネが増えると賃金が増える仕組みはどうなっているんですか」

ばらまきマン「それは、おカネが労働者などの家計と生産者である企業の間をぐるぐる回っている仕組みにある。（図4）

家計の労働者は企業の工場や事務所で働き、①企業に労働力を提供する。②その労働力に基づいて企業ではモノやサービスといった商品が生産される。③企業からは労働者に労働力の代価として賃金が支払われる。④労働者は賃金として受け取ったおカネで生産されたモノやサービスを企業から買うんだ。すると⑤おカネが再び企業へ戻り、賃金を支払うための元手になる。

こうして労働者と企業の間をおカネが循環することで、労働者の供給する労働力と工場の生産するモノやサービスが交換される。もし生産性が向上したなら生産されるモノやサービスの量が増えるから、交換されるモノやサービスの量も増えることになる。そのため労働者と企業を循環するおカネの量も増やす必要がある。これは労働者から見れば賃金が上がることであり、企業から見れば売り上げが増えることだ。社会全体から見れば経済が成長する。これが経済成長と賃金上昇のしくみだ。

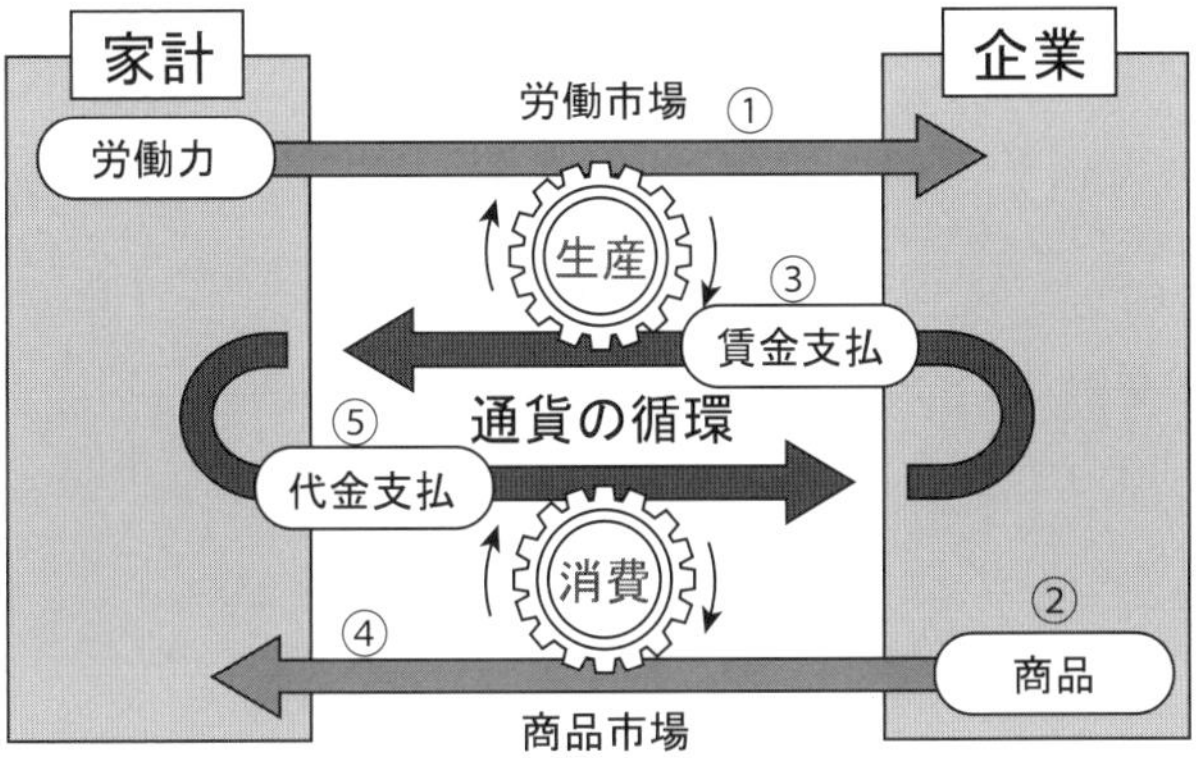

図4 家計と企業のおカネの循環

ところで、もし循環するおカネの量が減ったらどうなるか。これは労働者にとっては賃金が減ることであり、同時に企業にとっては売り上げが減ることだ。そうなれば交換に使うおカネの量が足りなくなるので、せっかく企業が生産したモノやサービスが売れ残ってしまう。もちろん労働者が購入できるモノやサービスの量も増えないから貧しくなる。経済も低迷する。これが『デフレ不況』なんだよ。そして賃金を増やすためには、循環するおカネの量を増やさなければならない。そこでベーシックインカムとしておカネを増やして家計に配ると世の中を回るおカネが増えて、労働者の賃金が増えると同時に企業の売り上げが増えて、景気が良くなるし、日本の経済も成長するというわけなんだ」

みう「すごいのです、でも話が出来過ぎのような気もするのです。世の中をまわるおカネを増やしても、労働者の賃金が増えない、なんてことはないのですか？」

ばらまきマン「**基本的にはありえないが場合によっては起こり得る。世の中を回るおカネの量が増えても、増えた分がすべて株主への配当金や役員報酬などとして高額所得者に流れてしまえば一般労働者の賃金は上がらない。その場合は経済成長しても賃金は上がらない。**これはある意味で搾取だよ。もしこうした事態になれば、高額所得者の税金を増やして低所得者に支給する再分配政策が必要になる。そして再分配がきちんと行われれば、労働者の所得は必ず増える。**つまり『再分配』がきちんとされなければ、景気が良くなっても労働者の所得が上がらない状況もあり得る。その意味でもベーシック**

インカムがあれば、再分配の効果が期待できる」

みう「納得したのです。日本の生産力が向上して、それにあわせて世の中を回るおカネの量が増えるなら、多少のインフレになったとしてもそれ以上に賃金は増えるのです。これで安心してベーシックインカムを貰うことができるのです」

ばらまきマン「世の中のおカネを増やせば賃金は伸びるが、逆に世の中のおカネを増やさないと賃金は伸びなくなる。その実例は日本のケースで示すことができる。（図５）（参考資料※１）このグラフは１９６８年から２０１５年までの世の中のおカネの伸び率と雇用者報酬（国民すべてのお給料の合計）を並べてみたものだ。これをみると１９９０年くらいまでは、おカネの伸び率が毎年10％程度あって雇用者報酬もどんどん伸びていたんだ。ところが１９９０年以後、おカネの伸びは３％程度にまで急速に減少し、それと同時に雇用者報酬は徐々に減り始めた。つまり世の中に供給するおカネの量を減らしたら、給料が伸びなくなり、減り始めるという実例だよ」

みう「なるほど世の中のおカネが増えなければお給料は増えないのです。それどころか、どんどんみんなのお給料が減っていくのです。貧しくなるのです」

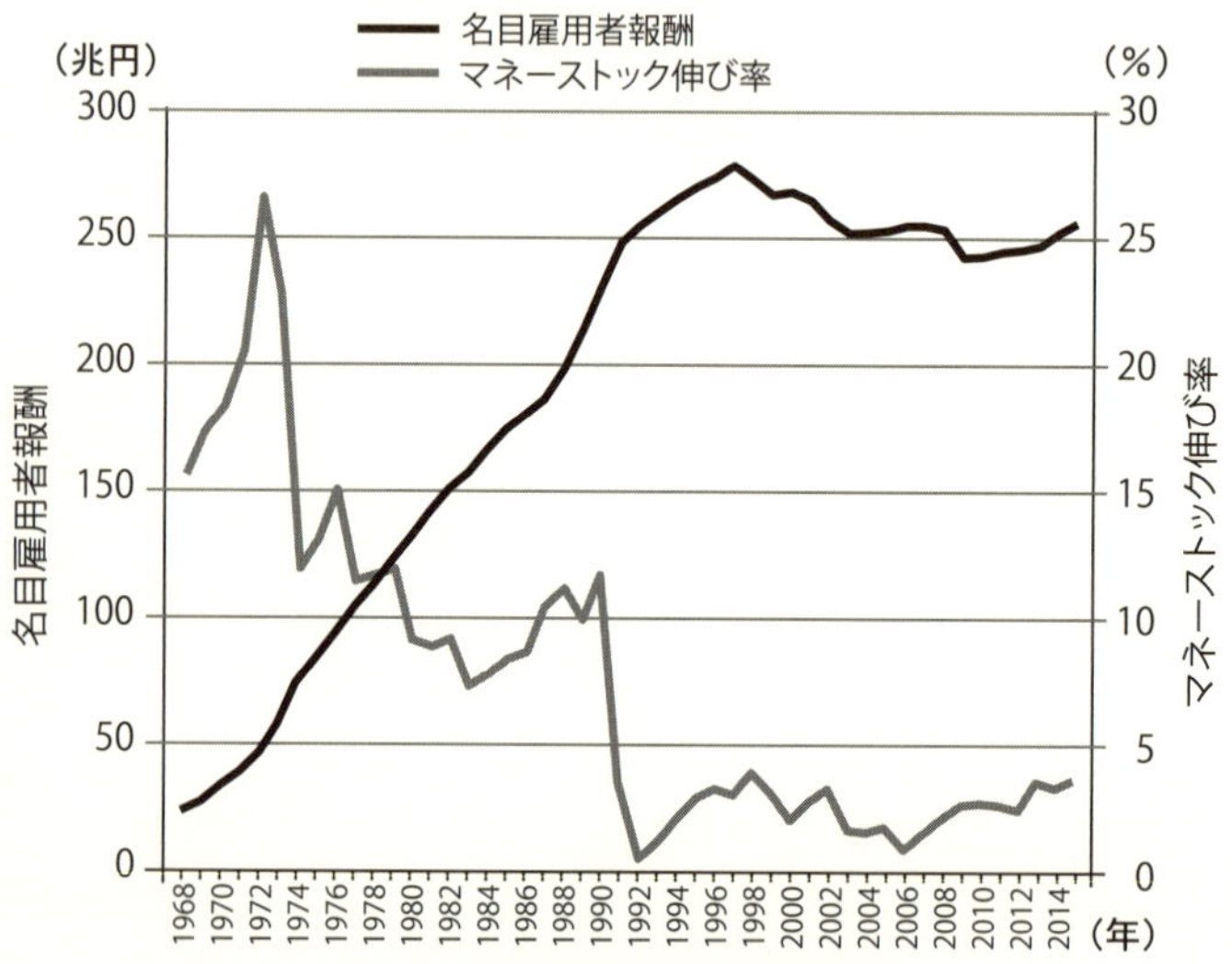

図5　マネーストックと名目雇用者報酬の長期推移
データ出典：内閣府 日本経2016-2017 長期経済統計

ばらまきマン「ところで、循環するおカネの量が減る原因は主に次のような例が考えられる。

①家計の貯蓄としておカネが貯め込まれる
②企業の内部留保としておカネが貯め込まれる
③政府の埋蔵金としておカネが貯め込まれる
④人工知能やロボットが進化する
⑤世の中のおカネが収縮する

①～③は貯蓄の問題だ。家計（一般家庭）にしろ、企業にしろ、政府にしろ、人間は何かと『おカネを貯め込む性質』がある。貯め込まれてしまったおカネは市場の交換活動に使われなくなるため、循環するおカネの量は減ってしまう。日本人は世界的にも貯め込むのが好きな人々のようだから、放って置くと貯蓄がどんどん増えて、ますます循環するおカネが減ってしまうため、景気が連続的に悪くなってしまう。だから、おカネは増やし続ける必要があるんだ」

みう「でも、おカネを増やし続けると世の中がおカネだらけになってしまうのです。それでも大丈夫なのですか」

ばらまきマン「どれほど世の中のおカネの量が増えても、そのおカネの大部分が貯め込まれたままなら何の問題も発生しない。貯め込まれて死蔵されているおカネは経済に何の影響も及ぼさないからだ。しかし戦争や天変地異でモノが不足する危機が生じたりすると、貯め込まれたおカネが一斉に消費に向かう可能性がないとは言い切れない。人々がモノ不足の不安を感じると『買占め』に走る可能性がある。例えばオイルショック（1973年）の時代に、トイレットペーパーなどの生活用品が買占めによって品不足となり、社会的な混乱と激しいインフレを引き起こした例がある。当時『狂乱物価』と呼ばれた。

ただし平和な日本でその可能性は低いだろう。それでも突発的な高インフレが心配であれば、みんなに配ったおカネを税金で回収することもできる。つまり使われずに貯めこまれている貯蓄（現金や預金など）に1～2％程度課税するんだ。ただし貯蓄に課税することは国民にかなりの抵抗感があるだろうから、なかなか導入が難しいかも知れない。しかしベーシックインカムによって世の中のおカネがどんどん増え続けると国民の貯金もどんどん増え続けるから、将来的には1～2％程度であれば貯蓄に課税することへの抵抗感が小さくなるかも知れないね。**そして世の中のおカネを増やし過ぎないようにするには、ベーシックインカムの支給金額を毎年徐々に増やしていく過程において、財源として徐々に貯蓄へ課税するのも一つの方法だ。**簡単に言えば、国民におカネをどんどん配るとやがてみんなお金持ちになるから、そしたら課税しても負担にはならないだろう、ということだよ」

みう「ところで、さっき循環するおカネが減る理由の話にあった『**⑤世の中のおカネが収縮する**』ってどういうことですか。おカネが勝手に減るのですか」

ばらまきマン「不思議なことに世の中のおカネは勝手に減ることがある。それを信用収縮というのだが、現在の通貨制度の欠陥に関わる問題であり、この話は長くなるので本書では省略するよ。もしご興味があれば『**金融緩和の天国と地獄（のらねこま：本書と同じ著者）**』という電子本がアマゾンで販売中なので読んでいただけるとうれしい。

それじゃあ、これから『**④人工知能やロボットが進化する**』ことで、おカネの循環が減ってしまう問題について考えてみよう」

（2）人工知能とロボットが仕事を奪う時代

10～20年後に仕事の半分が無くなる？

ばらまきマン「生産力が増加してモノやサービスがより多く生産されるようになるにつれて、世の中を循環するおカネの量を増やす必要があると話をしてきた。一方、今日の科学技術の進歩は目覚しいものがある。その代表例が人工知能やロボットだ。それらによって生産力はこれまでになく飛躍的な向上を遂げるはずだから、当然、ますます多くのモノやサービスが生産されるようになり、人々は豊かになるはずだ。

ところが、実際にはその逆のことが生じてくる。つまり科学技術が進歩して人工知能やロボットがどんどんモノやサービスを生産するようになると、世の中のおカネが徐々に回らなくなり、やがて経済が破綻して格差と貧困が溢れる社会になってしまう恐れがあるんだ」

みう「えー、信じられないのです。どうして科学技術が進歩すると経済が破綻するのですか。人工知能やロボットがどんどんモノやサービスを生産するのに、なんで貧しくなるのですか、変なのです。誰かが搾取しているに違いないのです。ずるいのです。そんなヤツは殺るのです（日本刀を取り出す）」

ばらまきマン「はっはー（こいつあぶないな）、誰かが意図的に搾取しているわけじゃないぞ。そうじゃなくて人工知能やロボットによって人間の仕事がなくなってしまうからなんだ。機械が人間の代わりに仕事するようになれば企業は人手がいらなくなる。だから企業はリストラによって従業員をどんどん解雇してしまうんだ（技術の進歩で生まれる失業を『技術的失業』という）。すると失業者が増えて貧しい人が増える。じゃあ、どれくらいの人が仕事を失う可能性があるか。これは世界で研究されていて、日本でも野村総研という研究所から論文が発表されているよ。（参考資料※2）

それによると10～20年後の日本では、現在ある職種のうちおよそ50％の仕事が人工知能やロボットなどの機械によって代替可能らしい。ものすごく単純に言えば50％の人が失業するかも知れないってことだ。現在、日本で働いている人（就業者）の数はおよそ６３００万人なので、３０００万人くらいが失業するかも知れない。かつてない大失業時代が迫りつつあるんだ。

もちろん、さらに時代が進めば人工知能やロボットの能力は、仕事に関して言えば一般の人々の能力をはるかに超えるようになると考えられるので、天才や秀才でもない限り仕事がなくなる。そうなると、ほとんどの人は失業してしまうから、失業者にタダでおカネを支給しない限り大多数の国民は生活できなくなってしまう。だから将来的にベーシックインカムのような、おカネを配る政策が必ず必要になるんだ」

みう「機械に仕事を奪われて失業地獄になる未来なんて変なのです。それなら会社がロボットを導入してもリストラするのを止めればいいのです。雇用を守るのです。リストラ反対！　リストラする企業が悪いのです。そんな企業は破壊すればいいのです。これで一発なのです（ミサイルランチャーを取り出す）」

ばらまきマン「はっはー（どこにそんなもの隠し持っていたんだ）、企業を破壊したら働く場所がなくなってしまうだろ。**そもそも市場競争社会というシステムの下で雇用を守ることは不可能なんだ。**もし人道に配慮して人工知能やロボットを導入した企業が余った人手を解雇しなかったらどうなるか。ライバル企業はそんなことお構いなしに人手を解雇するかも知れない。すると、ライバル企業は人件費をコストダウンすることで商品を安く販売できるから、リストラしたライバル企業の方が安い商品をどんどん売って儲ける。一方でリストラしなかった会社は商品を値下げできないから、価格競争に負けて滅びてしまう。

仮に労働法規を厳しくして従業員をリストラできないように法律で定めたとしよう。ところがそれは国内だけの話だ。そんなのお構いなしに外国から安い商品がどんどん輸入されてくる。するとリストラできない国内の企業は価格競争に負けて、外国の企業に市場をすべて奪われてしまうというわけだ。そうなると国内の企業は次々に倒産してしまうから、従業員も失業してしまって共倒れになる。だから市場競争社会で雇用を守ることはきわめて難しいんだ」

みう「ううううう、むかつくのです。とりあえず一発撃っておきますか」

デフレ博士「こら、わしに向けるな！」

ばらまきマン「それだけじゃない。**人工知能やロボットが高度に進化すると、おカネの循環が麻痺してしまうんだ。**なぜか。社会全体としてみた場合、機械化で失業者がどんどん増えると企業から家計（消費者）へ賃金として支払われるおカネの総量が減ることになる。失業者は賃金を貰えないからね。だから家計の保有するおカネの量が減って家計の購買力が減少してしまう。すると企業が生産したモノやサービスが売れなくなって、企業の収益が悪化し、景気が悪くなってしまう。つまり企業から家計へ流れるおカネの量が減ると、家計から企業へ流れるおカネの量も減るから、結果として世の中を回るおカネの量が減ってしまうんだ。（図６）

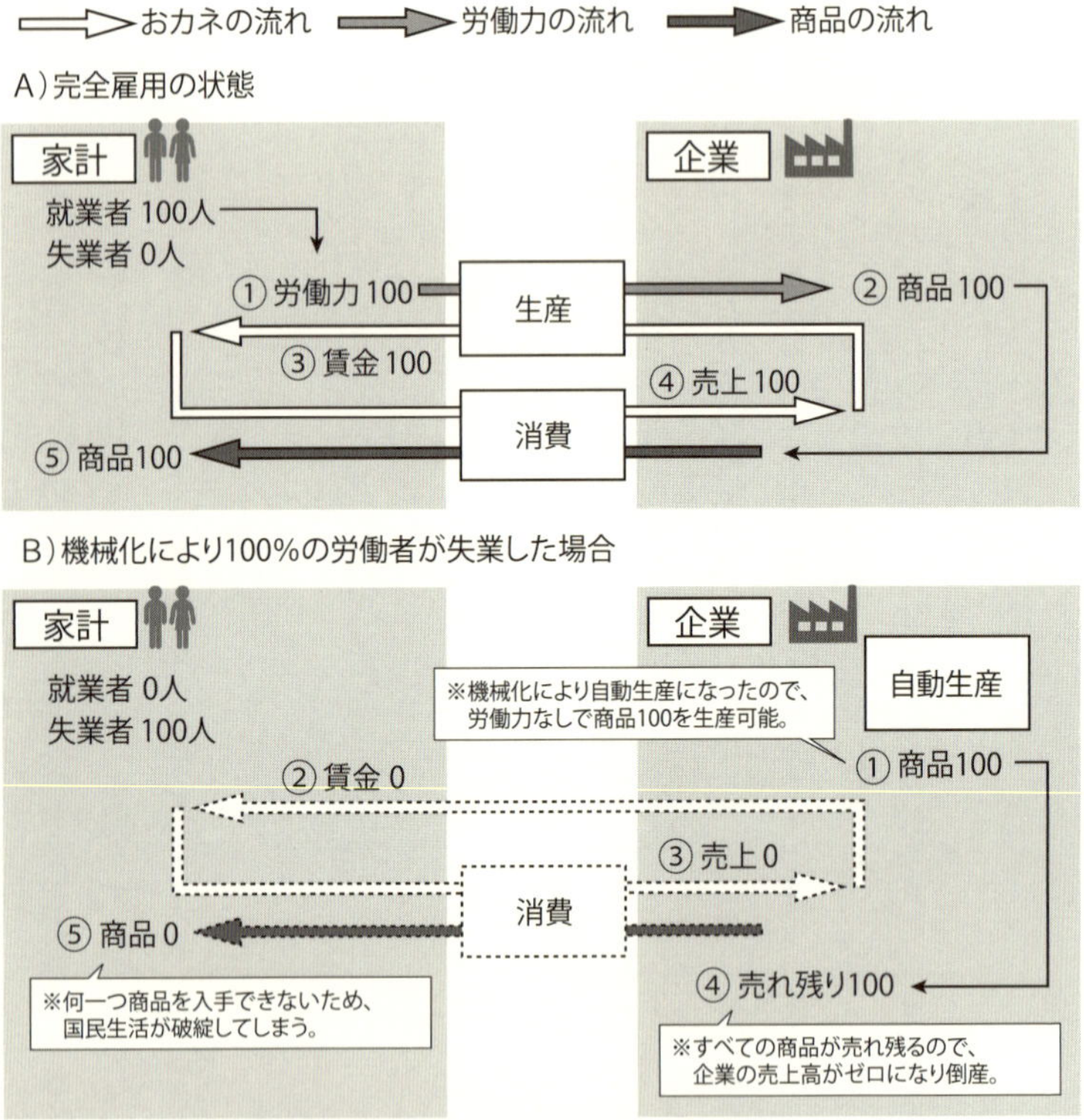

図6 機械化によって麻痺するおカネの循環

人工知能やロボットが進化すればするほど人手がいらなくなるので、おカネはますます回らなくなる。極端に言えば、最終的にすべての仕事が人工知能やロボットに置き換わると、すべての人の仕事がなくなるから、すべての人が失業してしまう。すべての人が失業すれば、企業から家計へ支払われる賃金はゼロになって家計の購買力はゼロになる。一方、企業では人工知能やロボットが無人で自動的に大量のモノやサービスを生産する。しかし家計の購買力はゼロだから誰も買うことができない。**その結果、家計はモノやサービスを一切買うことができずに極貧で苦しむ一方、工場には自動生産された商品が一つも売れずに山のような在庫になる」**

みう「工場には素晴らしい商品が山のように溢れているのに、それが人々に一つも分配されずに貧困に苦しむなんて、明らかにおかしいのです。どうしてそうなるのですか？」

ばらまきマン「今の世の中が『労働しなければ1円の所得も貰えない仕組み』になっているからだ。仕事しなければ1円も貰えないので、人間の代わりに人工知能やロボットが仕事をしてしまうと人間がおカネを貰えなくなってしまう。これが問題の根本原因だ。

しかし、考えてみると人間の代わりに人工知能やロボットが働くのだから、人間が働かずにおカネを受け取れるようになるのは当たり前だと思わないか？　そうじゃなければ、どんなにテクノロジー

が進化しても人間はちっとも楽にならない。そもそも何のために人工知能やロボットを開発するのか？　それは人間が楽をするためだ。未来社会を描いたＳＦ漫画に出てくる生活のように、面倒で単純な作業、重労働、危険な仕事はロボットがやってくれるから、仕事なんかしなくても生活できる社会になるはず。

ところが『労働しなければ1円の所得も貰えない』ルールに縛られていると、どれほど人工知能やロボットが進化しても人間が労働から解放されることは絶対にありえないし、それどころか先ほど説明したようにおカネが回らなくなるために経済が破綻して人々が貧困化してしまう。実に馬鹿げているだろう。**こうした事態を防ぐためには『労働の量ではなく、生産されたモノやサービスの量に応じて所得を分配する』ルールが必要なんだ。**人間が労働しなくても人工知能やロボットが働いてモノやサービスを作り出すんだから、その分だけ人間が働かなくてもおカネを受け取ることができるんだ。**それがベーシックインカムというわけだよ。**（図7）

もし仮に未来の社会で人間の仕事が完全に人工知能やロボットに置き換わったら、おカネの循環はどうなるか。

①ベーシックインカムとして労働とは無関係におカネが政府から家計に支給される

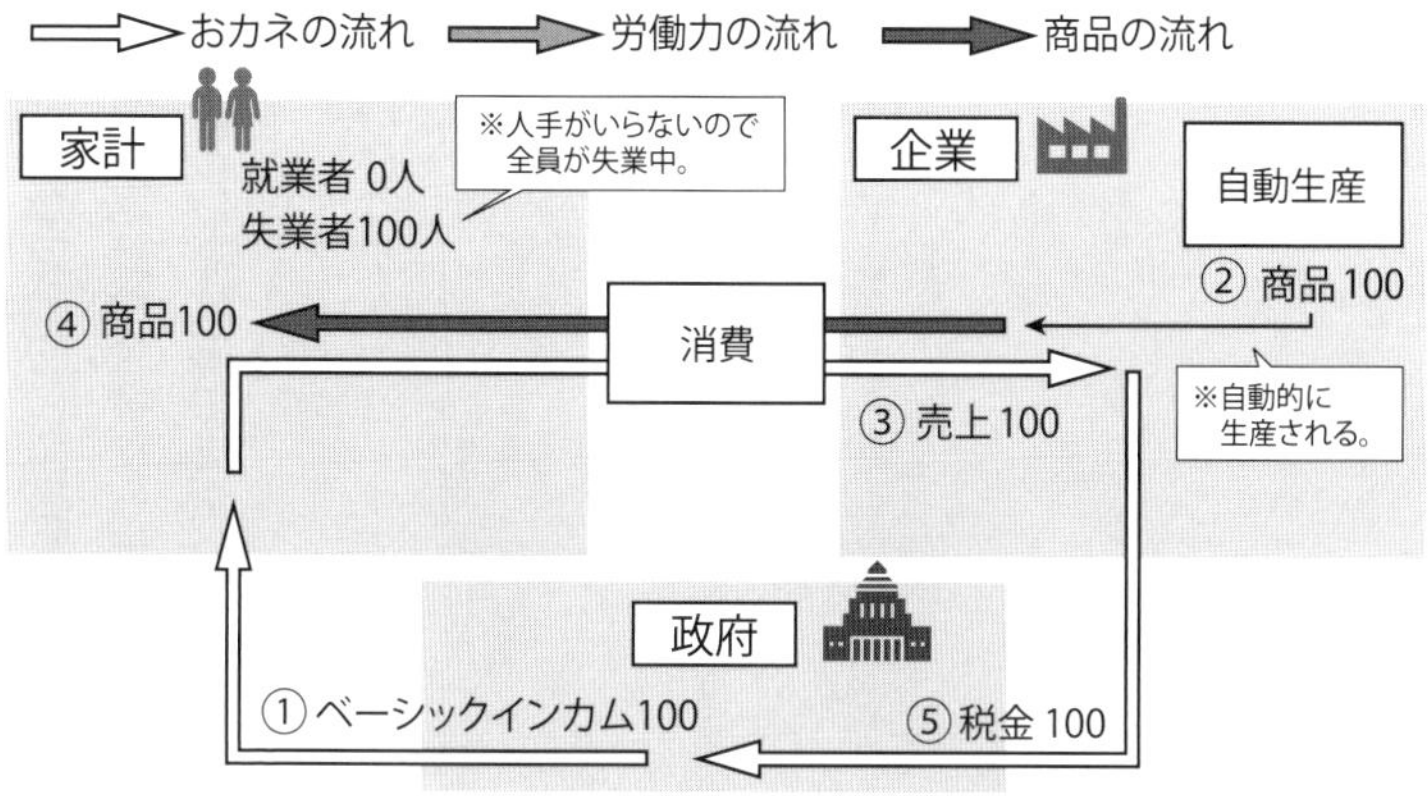

図7　ベーシックインカムによるおカネの循環

機械化により100%の労働者が失業した状態の場合

②企業では自動生産装置が自動的に商品を生産する
③④そのおカネを使って家計が企業からモノやサービスを購入して代金を払う
⑤企業の売り上げは税として政府に支払われる

政府はそのおカネを再びベーシックインカムとして家計に支給する。これで世の中のおカネがきちんと循環するようになり、企業で自動生産されたモノやサービスが余ることなく家計に分配されるわけだ」

みう「なるほど将来的には働かなくてもおカネが貰える社会になるんですね。労働の量ではなく、生産されたモノやサービスの量に応じて所得が分配されるのです。でも今すぐにみんな働かなくなったら、電車もお店も工場も止まってしまうのです。モノやサービスが生産されなくなったら分配するどころではないのです」

ばらまきマン「はっはー、もちろん、今すぐに労働しなくていい社会になるわけじゃない。それはずいぶん先の話になるはずだ。**とはいえそうした変化は、すでにジワジワと始まっていると考えて間違いない。**いま説明したように、機械化が進めば世の中のおカネは回りにくくなる。今日、急速に進みつつある機械化が、おカネの回らなくなっている（デフレ不況の）原因の一つだと考えることもできる。

だからベーシックインカムも今から徐々に始める必要があるんだ。いきなり毎月10万円を配るんじゃなくて、まず毎月1万円の支給から始めて、たとえば10年をかけて毎月10万円にたどり着く方がいいんだよ。それならお店や工場がいきなり止まるなんて心配はない」

仕事の効率化がブラック労働を生み出す

デフレ博士「何を言っておる、機械に仕事を奪われるのは人間の努力が足りんからじゃ。根性で機械に負けないようガンバるのが人間じゃ。根性根性。若い者は根性が足らん」

ばらまきマン「せっかく人工知能やロボットが人間の代わりに働いてくれるのに、根性で仕事をする必要なんてあるのだろうか？　そもそもこれまで、根性で無理矢理に仕事を作り出してきたため、ブラック労働のような低賃金・長時間労働の過酷な仕事が増えてきたんだ。

考えてみると、科学技術が進歩することで機械が発明され、生産活動が機械に置き換えられることはこれまでの人類の歴史においてずっと続いてきた。産業革命以降その傾向は一段と加速し、機械化によってそれまでの手作業による産業は壊滅的なダメージを受け、大勢の手作業の職人が仕事を失うようになった。そのためイギリスでは１８１１〜１８１７年ごろ機械化で仕事を失った人々が怒って暴徒化し、ラッダイト運動と呼ばれる機械打ちこわし活動が発生したほどだ。また１９７０〜８０年代になると日本では工場に産業用ロボットが導入されるようになった。これにより多くの手作業の労働者が仕事を失った。常に機械が人々から仕事を奪ってきたのが人類の歴史だ」

みう「仕事を失った人はどうなったのですか」

デフレ博士「努力と根性じゃ。根性で自分を磨き上げてスキルを高め、社会に貢献する人材に生まれ変わったのじゃ。自己責任が問題を解決したのじゃ」

ばらまきマン「はっはー、努力と根性なんかじゃ問題は解決しない。新しい産業が生まれることで、失業者はそうした産業に吸収されていったんだ。その結果として社会全体の産業構造が変化することになった。産業構造とは社会全体の産業に占める農業、工業、サービス業の割合を示したものだ。（図８）

産業構造の推移を『産業別就業者数』で見ると、最初は日本全体で第一次産業（農業・水産業・鉱業など）の割合が高い状態にあったが、農業の機械化や効率化によって人手をあまり必要としなくなったことから割合が減って、第二次産業（工業・製造業）の割合が増加した。しかしやがて第二次産業

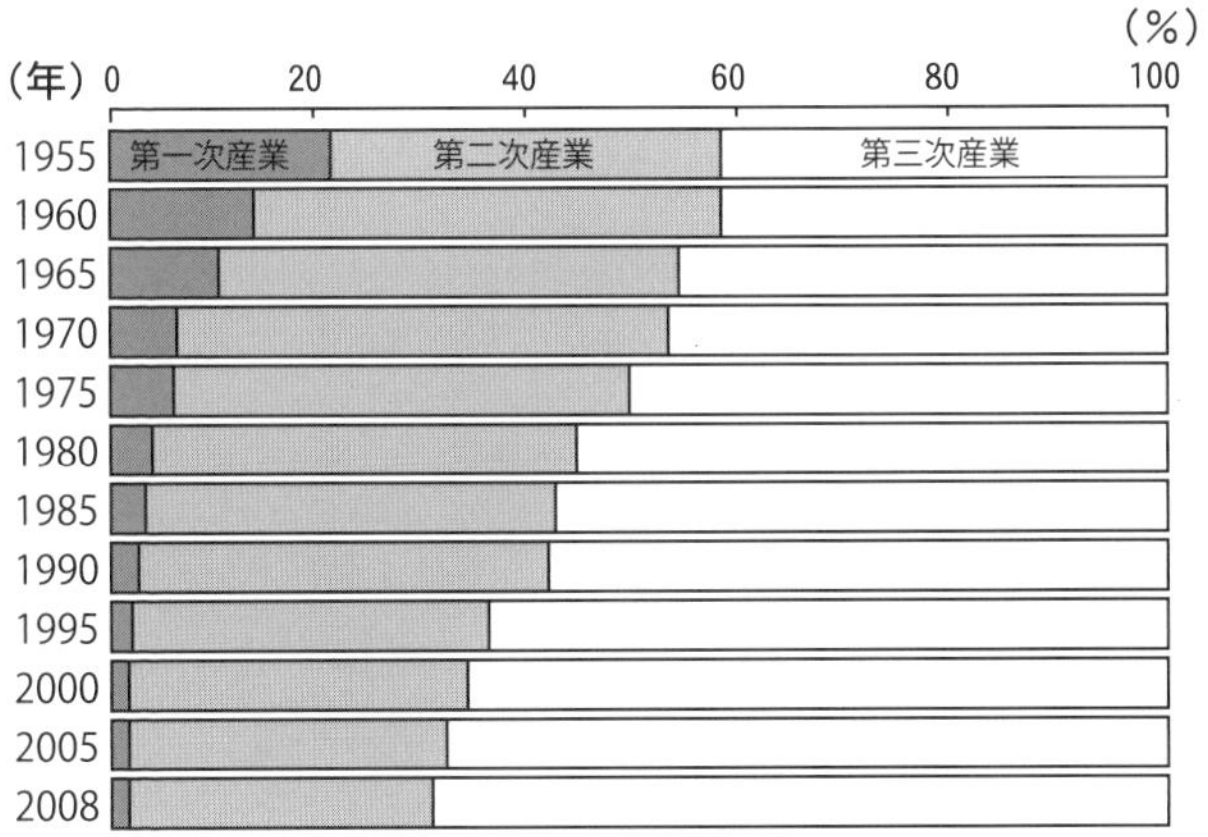

図8 産業別就労者数の推移

データ出典:厚生労働省 平成22年版労働経済白書

もロボットや自動機械の進歩によって人手が余るようになり、最終的に第三次産業（いわゆるサービス産業）へ産業の中心が移っていった。

第三次産業であるサービス業の特長は『マンパワー』つまり手作業によって成り立つ産業だという点にある。これを労働集約型産業という。つまり機械化の可能な業種から順に生産活動が機械に置き換わり、人間は機械ができない『手作業』の仕事へ、労働集約型産業へとある意味で追いやられてきたんだ」

デフレ博士「ふん、仕事があるだけ良いと思え」

ばらまきマン「サービス業の業務の中心である手作業は基本的に効率が悪い。つまり生産性が低い。産業革命以前の手工業と同じなんだ。だからサービス業は一部を除いて賃金が非常に低い。これは統計を見ればすぐわかることだよ、例えば国税庁に『民間給与実態統計調査』がある。（参考資料※5）これは給料を貰って働いている労働者の賃金を調べたデータだ。その平成27年分のデータから、業種別の平均賃金とその業種で働いている人の人数を使ってグラフを作ってみた。（図9）

横軸にはいろんな業種が並んでいて、上に伸びる棒グラフが平均賃金を示している。黒色の棒が第

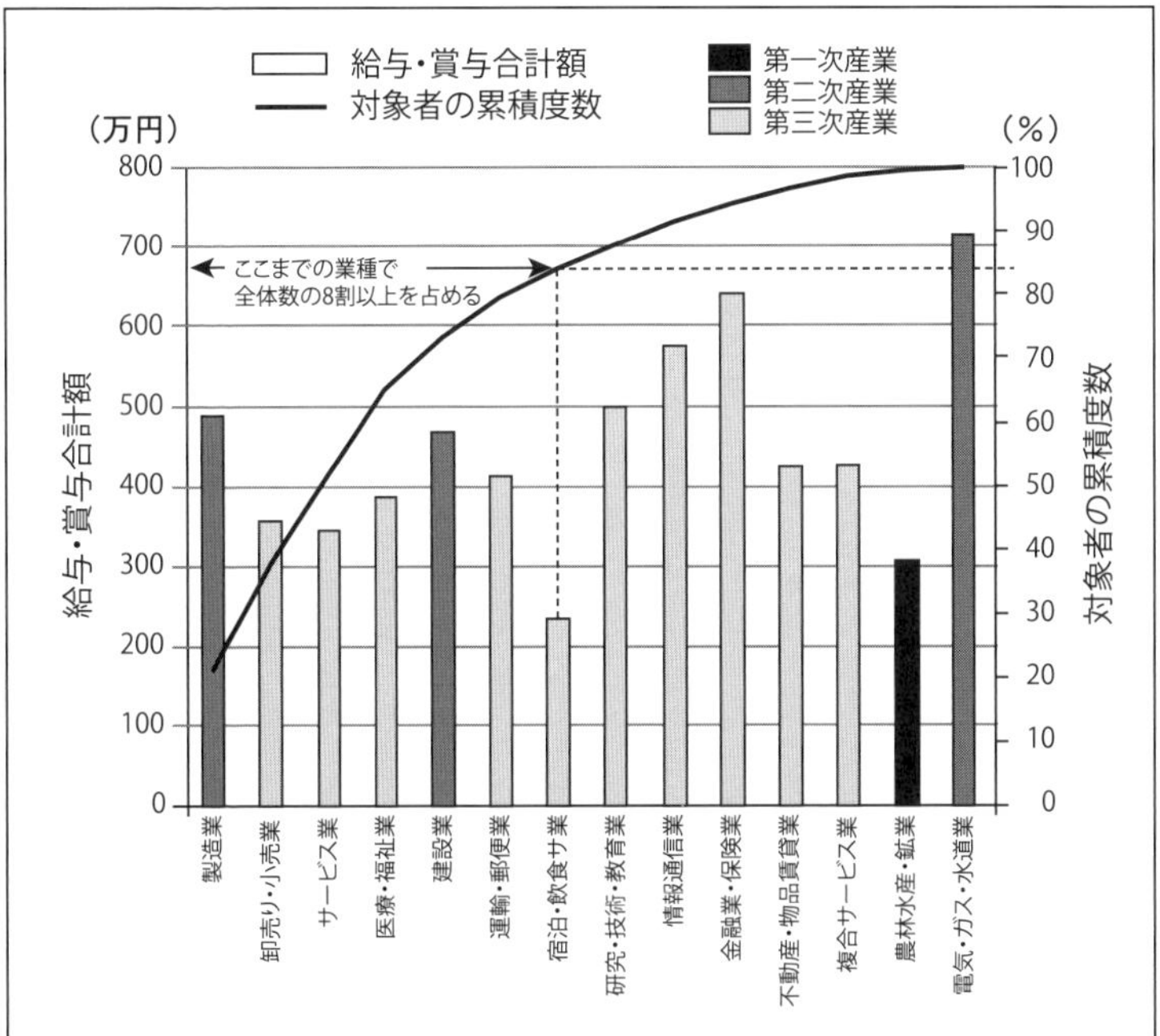

図9　業種別の平均所得と対象者の累積度数
データ出典：国税庁 民間給与実態統計調査 平成27年

一次産業、濃灰色の棒が第二次産業、淡灰色の棒が第三次産業だよ。これだけみると第三次産業の平均賃金も業種によっては低くない、むしろ高いものもあると分かる。しかし問題は『その業種にどれくらいの人数の人が働いているか』だ。

実はこのグラフの業種は働いている人数が多い順に左から並べてある。つまり一番左側の製造業で働く人が一番多くて、次に多いのが卸売・小売業、次がサービス業といった具合だ。そして折れ線のグラフはそれらの働く人数を左から累積していった全体に占めるパーセンテージ（累積相対度数）だ。簡単に言えば、左から製造業、卸売り・小売業、サービス業（※）、医療・福祉業、建設業、運輸・郵便業、宿泊・飲食サービス業までの労働者数の合計で、全賃金労働者数の約85％を占めているという話だ。つまり情報通信、金融保険といった賃金の高いサービス業に勤めている人はわずかなんだよ。

そうしてみると、第二次産業である製造業の平均賃金が490万円、建設業が470万円であるのに対して、卸売り小売業360万円、サービス業（※）350万円などと明らかに低い。全体を通じても、第二次産業と第三次産業ではおよそ100万円程度の差があることがわかるんだ。そもそも全体の平均賃金が420万円程度なのに、100万円も差があるのは相当な違いと言える」（※ここでのサービス業の内訳は洗濯・理容・美容・浴場業、娯楽業、職業紹介・労働者派遣業など）

みう「うう、わたしの勤めている宿泊飲食サービス業は最低じゃないですか。製造業よりも２００万円も低いのです。何が観光日本ですか、観光客が増えても恨めしいだけなのです。恨めしい……」

デフレ博士「だから、そこでワシを見るな。ワシのせいではないぞ。努力と根性が足りない自己責任だ」

ばらまきマン「**日本は第三次産業に産業構造が変化したと喜んでいる場合ではない。第三次産業が増えたおかげで全体としての賃金が下がっているんだ。**おまけにブラック企業と呼ばれる企業の多くはサービス業に属しているはずだ。過酷な長時間労働が問題になったすき屋、ワタミなどはサービス業だし、やはり長時間労働で問題になったヤマト運輸もサービス業だ。つまり機械化によって多くの労働者がそれまでの賃金の高い仕事を追われ、サービス業という生産性の低い産業に追いやられる事態が発生しているんだ。しかも日本は失われた20年の長期デフレ不況を放置していたため、日本で作り出される仕事の多くが長時間労働・低賃金のブラック労働になってしまった。

機械化によって第二次産業を追われた人々は、かろうじて第三次産業で職を得て生きながらえることができてはいるが、機械化が進むほど労働条件はどんどん悪化するばかりだ。確かに機械化によって仕事が失われても新しい仕事は生まれる。しかしその大部分は生産性の低い低賃金労働なんだよ。

こうして賃金の低いサービス業の割合が増えれば、国民全体に支給される賃金の総額も減る方向にあ

るから、国民の総購買力が減って、世の中のおカネは回りにくくなってしまう。だからいま現に、機械化によっておカネが回りにくい社会になっていると考えていいだろう」

デフレ博士「ブラック労働で働くヤツは努力が足りんのだ。もっと努力すれば、良い仕事に就くことができる。産業構造だの、機械化だの、そんな言い訳は通用せんぞ。自己責任じゃ」

ばらまきマン「はっはー、それは違う。たとえある人が努力してブラック労働を脱出して『良い仕事』に就いたとしても、社会全体として良い仕事の数が増えないのであれば、そこで働いていた別の誰かが蹴落とされてブラック労働に転落するだけ。つまり『良い仕事』ってヤツの数を増やさないと、結局はイス取りゲームのように誰かが溢れて必ずブラック労働になる。不毛な蹴落とし合いだよ。

しかも問題は機械化によって『良い仕事』がどんどん減っているということだ。例えば比較的賃金の高い製造業（第二次産業）の仕事は減り続けてサービス業（第三次産業）の仕事が増えている。良い仕事の数が減れば、ますます良い仕事に就くことは難しくなり、やがて大部分の人々が長時間労働・低賃金の労働に追いやられてしまうということだ。**ところが追いやられたサービス業すら仕事を奪われる危険性が出てきた。それが人工知能やロボットの進化だ。**

人工知能を備えたロボットともなれば人間にとても近い。つまりサービス業をこなすロボットが登場してくることを意味する。実際、ソフトバンクから『ペッパー』という名前のロボットが発売されているが、これが引く手あまたの状態だ。ハッキリ言ってペッパー程度はこれから登場するだろう本格的な人工知能ロボットに比べればおもちゃのレベルだ。それでも相当な需要があるのだから、もしそれなりのレベルのロボットが登場すれば人間は間違いなく不要になる。**ロボットは人間と違って24時間365日労働させても法律に触れないし文句も言わない。当然ながら長時間・低賃金労働はこぞってロボットに置き換わるだろう。つまりブラック労働すらロボットに奪われるんだ」**

デフレ博士「そんな人間型の人工知能ロボットなど、いつになったら登場するんじゃ。そんな未来の絵空事で人々の不安を煽るのは悪質じゃわい」

人工知能やロボットで消える仕事の例

ばらまきマン「もちろん人間と同等レベルの高度なロボットが登場するのは、まだ10年以上先の話だろう。しかし人間型ロボット以外の分野では、機械化の波が着実に押し寄せている。まず自動車の自動運転だ。世界の自動車メーカーは自動運転技術の開発に莫大な研究開発費を投じており、おそらく一般道を含めた完全自動運転の実用化までに5年を要しないと思う。バスのように同じ経路を巡回するだけ、あるいは工場と物流倉庫、倉庫間を行き来するだけといったトラック運送の場合は、より自動運転の実用化が簡単なので、数年で実用化する可能性もある。電車や航空機等も同じだ。

また、ドローンと呼ばれる小型のヘリコプタータイプの無人空中輸送装置の研究も進んでおり、こちらはコスト削減と法整備さえ整えば、かなり早いうちに実用化と普及が進むと考えられる。そうなると宅配便のような小口の輸送も自動化される。日本にはトラック等の運転を行う運送機械の運転手（輸送・機械運転従事者）は約217万人いる。また郵便配達員などを含む運搬従事者は約199万人いる。そのうち仮に半分が職を失ってもおよそ200万人の失業者が生まれることになる。（図10）

次に人工知能によって置き換え可能なのは事務職だ。事務的な仕事として、売り上げや支払伝票、請求書など各種帳票の作成、入出金処理、勤怠労務管理、給与計算といった事務作業はすべて機械で代替が可能であり、それはもはや時間の問題だ。今は請求書や領収書が手書きだったりするから人手が必要なだけであって、カードやスマートフォンのような形で電子化されるだけで完全自動化はすぐにでも可能になる。つまり導入コストの問題だけ。もちろん事務職には軽作業や複雑な手作業が求められるケースも多いので、事務職のすべてが一度に職を失うことはないだろう。この事務従事者は日本に約1250万人いるので、2割が失業しただけでおよそ200万人が失業することになる。

20年後までに人工知能やロボット等で
代替可能な職業例

一般事務員
経理事務員
建設作業員
サッシエ
警備員
自動車組立工
倉庫作業員
タクシー運転手
宅配便配達員
ビル清掃員
スーパー店員
レジ係
銀行窓口係
受付係　　　　　　など

出典：日本の労働人口の49％が人工知能やロボット等で代替可能に（野村総合研究所）よりその一部を転載。

職業別就業者数　2015年

（万人）

就業者総数	6,376
専門的・技術的職業従事者	1,054
事務従事者	1,256
販売従事者	853
サービス職業従事者	787
保安職業	125
農林漁業	222
生産工程従事者	883
輸送・機械運転従事者	217
建設・採掘従事者	298
運搬・清掃・包装等従事者 (うち運搬従事者　196)	445
分類不能の職業	91

出典：総務省統計局／平成28年労働力調査産業，職業別就業者数より

図10 失われる仕事とその就業者数

販売業務について言えば、接客対応だけできれば十分という販売業務なら、もうすでに『ペッパー』で代替可能だ。もちろん商品を棚から手にとって操作して見せたり、より人間に近い応答が必要となれば不十分だけど、これも時間の問題だよ。商品探しや荷造り梱包はすでに機械ができる。おまけにインターネット販売がさらに普及すれば、販売員が働く場である小売店舗は減るかもしれない。例えばバーチャル・リアリティ（仮想現実）技術が普及すれば、店舗で実物を確認する必要はなくて、頭に被るタイプの三次元ゴーグル（ＨＭＤ）を利用して、自宅で商品の細部まで確認できるようになる。これは技術的にはいつでも可能なレベルにある。こうした販売業務に従事する人は日本で約８５０万人いるけど、このうち2割が失業すれば１６０万人の失業者が生まれる。

そして製造業はこれまでも機械化でどんどん仕事が少なくなってきたけど、これからはもっと大変なことになる。無人工場の出現だ。工場の組み立て作業員が減るどころか、作業員が誰も居なくなるわけ。例えばキヤノンは２０１８年をめどにデジタルカメラの国内生産を完全自動化する方針を明らかにした。こうした無人工場の技術も世界各国で研究されているから、今後はこうした無人工場がどんどん出現するはずだ。工場などで働く生産工程従事者は８８０万人だから、このうち3割が仕事を失えば２００万人が失業する。このように自動車などの運転、事務、販売あるいは組立作業といった『ヤル気さえあれば誰にでもできる比較的やさしい仕事』は、ことごとく人工知能やロボットに置き換えられてしまうと考えられる」

みう「やさしい仕事を全部とられてしまったら、私のできる仕事は何も無くなるのです」

ばらまきマン「もっと驚きなのは、これまで人間にしか出来ない高度な仕事と考えられてきた業務も、人工知能やロボットに置きかえられる可能性が高いという点なんだ。例えば医療診断。これまでＣＴやＭＲＩなどの画像診断は熟練した人間の判断力で診断をしてきたけど、画像処理に人工知能が極めて高い能力を発揮することがわかり、人間には判別できないようなわずかな違いを読み取って初期の病気を発見できるようになってきた。またアメリカではＩＢＭ社の開発したワトソンと名付けられた人工知能が人間でも判別の難しい難病の診断を行ったことが話題になった。病名だけじゃなく治療法についてのアドバイスも的確に行った。これは膨大に存在する疾病の研究論文、つまり大量のデータ（ビックデータ）を処理させることで実現したんだ。こうした大量のデータを処理する能力はコンピューターが昔から得意だったけど、より多面的で複雑な処理が可能になったために有効性が飛躍的に高まったわけ。アメリカでは弁護士の業務分野で人工知能が活躍しているとの話もある。

最近は人工知能にヒット曲のデータを大量に学習させた作曲技術が研究されているけど、何気なくＢＧＭとして流しておくだけなら十分なレベルに達しているし、アナウンサーのアナウンスも株価情報のようなものは自動化されつつある。電子アイドルも普及すれば生身の人間のアイドルの価値も落ちるだろうね。まだまだの段階だけど小説の創作まで研究されている。将来的に時間をかければあらゆる分野に人工知能やロボットが進出してくると予想できる。こうして個別に考えてみると、さっき紹介した研究レポートにあった『10〜20年後に現在の仕事の約50％が機械に代替可能』もまんざらウソではないと分かるんだ。かつてない大失業時代が迫っている」

みう「世の中狂っているのです、やっぱりロボットは破壊してやるのです。ミサイルです」

デフレ博士「あぶないから、いい加減にそれをどっかへ仕舞っておけと言うとるじゃろが。そんなもんで世の中を破壊せんでも、努力と根性でロボットの出来ない仕事をすればいいんじゃ。ロボットが登場すれば新しい仕事がでてくるに決まっておる。何を過剰に心配して騒いでおるのじゃ、ばかばかしい。カラ騒ぎじゃ」

ばらまきマン「はっはー、新しい仕事ができるから大丈夫、という考えはかなり甘いと言える。さっきも触れたけど、最も大きな問題は『普通の人ができる簡単な仕事が、ことごとく人工知能やロボットに置きかわる』ことなんだ。もし新しい仕事が生まれたとしても、普通の人でもできる簡単な仕事なら人工知能やロボットがやってしまう。つまり新しく生まれてくる仕事はすべて『普通の人にはできない難しい仕事』すなわち『高度な専門性を要する仕事』になる可能性が高い。

人工知能やロボットの導入で職を失う人の大部分は普通の人だ。その普通の人が簡単に高度な専門職に生まれ変わることはできるだろうか？　おそらく不可能だと思う。普通の人が高度な知識を身に付けることは容易ではない。そんなことは自分達の身の回りを見渡せばすぐにわかるはずだ。**もしすべての人に高度な専門知識やスキルを要求する時代になったら、脱落する人が大量に出る。**

また、高度な人材を育成するための教育費・教育期間も相当に必要とされるようになる。その負担を誰に求めるのだろうか。もし『自己負担』にしてしまえば、教育に膨大なおカネを投入できる富裕層の子息が圧倒的に有利となる。つまり高度な専門職はカネ持ちだけがなれる、貧乏人は無職あるいはブラック労働のままとなるから、今日問題となっている貧困の連鎖はますます拡大するだろう。

そもそも『新たにどんな仕事が生まれてくるか』を誰も正確に予測できていないことも問題だ。技術的失業によって大量に発生する失業者を吸収するために必要とされる新たな仕事は、普通の人でもできる仕事であると同時に人工知能やロボットにはできない仕事だ。ところがそれが具体的にどんな仕事なのか現時点ではまるで予測できていない。幾つか例が挙げられているようだが、それで何百万人という失業者のすべてに仕事を与えられるかについては、まるで見当が付かない状況だ。だから技術的失業に対して事前に手を打つことができない。『たぶん新しい仕事ができるだろう』という程度の楽観論に過ぎないんだ。

科学技術が進化して機械化が進むにつれ、普通の人々ができるような仕事を作り出すことは不可能になりつつある。にもかかわらず、**無理に仕事を作ろうとすれば人工知能やロボットよりもコストが低い仕事、すなわち長時間・低賃金のブラック労働を生み出すだけ**なんだ。これが社会を歪める原因になる」

デフレ博士「ふん、世の中は弱肉強食の淘汰社会じゃ。弱いものが淘汰されて強いものが残る、これが人類を進化させてきたんじゃや。高度な仕事もできないヤツが滅びるのは自己責任じゃや。これが競争社会ぞ」

ばらまきマン「弱いものを排除して強いものを残す社会、それはナチスの優生学に通じる考え方だ。もしそれを認めるなら、お前さんはこの場で淘汰されても文句は言えないな。淘汰されるのは弱いお前が悪いのだから。さあ、どうなんだ。それでいいのか？」

デフレ博士「ぐぬぬ……」

どくわぉぉぉん（爆発）！

みう「けほけほ、ミサイルが暴発したのです」

ばらまきマン「何をやってんのかね、君は（人の話ちゃんと聞いてる？）」

みう「デフレ博士、顔がススで真っ黒だよ」

デフレ博士「ほっとけ。どうせワシはブラックだよ」

日本は人手不足じゃないのか？

デフレ博士「おぬしは人工知能やロボットの進化に伴って失業者が大量に発生するというが、今の日本の現状を知らんのか？　新聞テレビは人手不足が深刻だと報道しておる。人手が余るどころか不足しておるのじゃぞ。何を寝ぼけておるのじゃ」

ばらまきマン「はっはー、それはちょっと違うな。飲食サービス業や宅配業、工場の短期労働者の求人が増えて、企業の側から見れば人手が確保しにくい状況が生じていることは確かだ。これらは給与水準の低い単純労働力だ。単純労働力は人工知能やロボットに置き換えやすい仕事だ。**ではなぜ今まで置き換わらなかったのかといえば、それは機械化よりも人間のコストが安かったからだ。キツイ表現で言えば、デフレ不況の下では人間を安い賃金でこき使えるから機械を導入する必要がなかった。**低賃金で長時間労働する労働者が豊富にあったわけ。しかし金融緩和政策によって景気が徐々に上向き、求人が増えはじめたために安い労働力が不足し始めた。それで人手不足だと騒がれている」

みう「安い労働力で経営してきた企業が、安い労働力が足りないからよこせと言って騒いでいるのです。ずいぶんと身勝手な話なのです」

ばらまきマン「**このまま人手不足が続くと賃金が上昇し、やがて人間の賃金より機械のコストが安くなる時が来る。そうなると堰を切ったように機械の導入が始まるはずだよ。**すでに小売スーパーのレジ、ファーストフードのカウンターのような仕事に自動機械が導入され始めているけど、そうした『無人化』は急速に進む。無人のコンビニエンスストアも登場してきた。技術的にはすでに自動化が可能なレベルに達している仕事は多いので、本気で自動化をやろうと思えば簡単にできてしまう。**つまり人手不足は無人化の過渡期における一時的な現象に過ぎないと考えられる。**いま人手が不足している仕事の多くは単純労働だし、その就業者数も大きいから、機械化が本格化すればたちまち人手が余剰になるはずだ。

ちなみに人手不足で日本経済が伸びなくなるとか、企業の倒産が増えるとか新聞テレビが騒いでいるけど、まったくの間違いだ。それはあくまでも機械化が進展しないという条件下での話。機械化が進展すれば日本の生産力が増加するから経済は成長する。人手が足りなくても機械を導入すれば企業は操業を続けることが出来るから、人手不足で倒産もあり得ない。

機械化が進まなくなる心配は無いのか？　と思うかも知れない。しかし先ほどの例のように技術的にはすでに機械化が可能な仕事も多いはずだ。さらに人工知能やロボットも進化を続けている。また、人手不足にならないと無人化技術の開発は進まないとも言える。安くて使い捨て可能な人間の労働力があれば、いつまでもそれに頼ってしまうからだ。移民政策によって海外から安くて都合の良い労働力を供給すれば、やはりそれに頼ってしまうだろう。**むしろ人手不足である今こそ、無人化の技術開発を進める絶好のチャンスだと考えるべきだよ。こうした無人化技術は遅かれ早かれ全世界で求められるようになるから、日本の企業は率先して技術開発をすればいい**」

（3）ベーシックインカムに増税は必要か？

原則＝より多く作れば豊かになる

デフレ博士「ぐぬぬ、じゃが、そんな話ではワシは誤魔化されんぞ。毎月1万円や2万円のベーシックインカムを実施するうちはまだ良いが、支給金額を増やしていけば、おカネを発行するだけでは財源が足りなくなるはずじゃ。必ず大増税する時が来る。その時になってから騙されたことに気が付くんじゃ。増税じゃ、増税じゃ、ハイパー増税じゃー。消費税100％じゃ、地獄じゃ〜」

みう「うにゃ〜、頭が混乱するのです。増税なんか絶対に反対なのです。おカネはすごく欲しいけど、1円も損したくないです。増税しないでおカネだけください。できるんですか、できないんですか、今すぐ答えるのです」

ばらまきマン「はっはー（すげえわがままなお嬢ちゃんだな）、なぜ頭が混乱するのか？ それは経済を『カネ』で考えてしまうからだ。カネではなく『モノ』で考えるとスッキリわかる。これは経済問題のすべてにおいて言える大切な視点なんだ。『モノ』で考える。そしてベーシックインカムについても『モノ』で考えると混乱しない」

みう「おカネではなくモノで考えるのですか」

ばらまきマン「そうだ、モノで考える。今日の経済活動はおカネを介して行われるので、人々はおカネに目を奪われがちだが、実際の経済はモノを生産して世の中に行き渡らせることで成り立っている。おカネはそのための手段あるいは道具に過ぎないのだ。

そう考えると経済の原則は『たくさん生産すれば、たくさん分配できる』であることがわかる。単純にそういうことだ。つまり国民を豊かにするには、より多くのモノやサービスを生産して、それをすべての国民に行き渡らせれば良いとわかる。人工知能やロボットが発達することで生産力は爆発的に増加すると予想されるから、必然的に人々は豊かになれるはずだ。人々の生活を豊かにする方法を、ものすごく簡単に言えば、

①より多様な財（モノやサービス）を、よりたくさん作る
②たくさん作った財を国民の隅々にまで行き渡らせる
③財の分配の格差は国民が許容できる程度に納める

オレはそれが経済の正しい形だと考えている。だから、正しい経済のかたちが実現するようにおカネのシステムを設計すれば良い。逆に言えば、おカネのシステムを古いまま固定して経済の正しい形を実現することはまず不可能だ。おカネの理論に振り回されてしまうからだ。人工知能やロボットの登場で飛躍的に財の生産が増えるにもかかわらず、古いおカネのシステムに縛られて正しい経済が実現できないのはナンセンス以外の何物でもない。正しい経済のかたちを極めてシンプルなシステムで実現可能にするのがベーシックインカムという『おカネのシステム』だと考えることができる。

より多くの財が生産されたなら、それを分配するにはより多くのおカネが必要になる。財を国民の隅々にまで行き渡らせるには、おカネを国民の隅々にまで行き渡らせる必要がある。そして、すべての国民に一定水準以上の所得が保障されれば、分配される財の格差は国民の許容できる範囲に納まる。

機械化によってモノやサービスがよりたくさん生産されるようになれば、増税しようがしまいが、モノやサービスの量が増えるはずだから必ず豊かになる。しかし機械化のおかげで多くのモノが生産されるようになっても、それに応じて世の中のおカネをどんどん回さなきゃ、いくら生産しても国民に行き渡らない。それはさっきから何度も説明しているとおりだ。だから、ベーシックインカムとは、世の中のおカネを回す仕組みなんだ」

みう「ふ〜ん、たくさん作ればたくさん分配できる。確かにそうなのです。シンプルなのです。だから増税しようとインフレになろうと、それは本質的には関係ないことなのです。本質はより多く生産してより多く分配することなのです」

ばらまきマン「そう、それが理解できれば、増税やインフレに惑わされることなく経済政策の是非を判断することができるんだ。今の社会は貨幣経済だからおカネを考えることは重要だけど、おカネだけで考えるとカネの仕組みに惑わされて本質を見失ってしまうから要注意だよ」

デフレ博士「ふん、抽象的過ぎて具体性が何もないわ。実際には財源をどうするつもりなんじゃ」

ばらまきマン「機械化によって財の生産量が増えるのであれば、それを人々に行き渡らせるためのおカネの仕組みはどうとでも設計できる。**もちろんおカネの仕組みを変える事は相当に苦労するに間違いない。既得権益との激しい戦いになるからだ。**とりあえずそのような困難は抜きにして、具体的にベーシックインカムの財源は三つの手段があると考えている。

【ベーシックインカムの財源】

①通貨の発行

②税収の自然増と社会保障費の付け替え
③金融資産課税の新設

この三つだ」

みう「通貨発行の話はさっきも聞いたのです。生産されるモノやサービスの交換には、交換に十分なだけ循環するおカネが必要になるから、おカネを発行する。この発行したおカネを国民に配ればいいという話なのです。でもそれだけだと、配れるおカネの額が限られると思うのです」

ばらまきマン「もちろんインフレ率が高くなることを無視すれば、いくらでも通貨を発行して国民におカネを給付することができる。とはいえ、あまりにインフレ率が高いのも考えものだ。たとえばドイツのハイパーインフレのように数年で通貨の発行残高を1000倍にすると大変なことになるのは明らかだ。ではどれくらいのおカネを発行できるのだろうか、ちょっと頭の体操をしてみよう。

まず日本の国民は全部でおよそ1億2000万人くらいだから、すべての人に1万円のおカネを配るとすれば、およそ1・2兆円のおカネが必要だ。毎月1万円を配るなら、年間ではその12倍だから、年間およそ15兆円のおカネが必要だ。

現在の日本の通貨いわゆる現金と預金の合計をマネーストックという。このマネーストックは日銀の統計によると２０１７年1月時点でおよそ９６０兆円だ。仮に毎月1万円のおカネを国民に配り続けたとすると、おカネの量が2倍になるには、９６０兆円 ÷15兆円＝64年となる。64年で2倍なら、ほとんど問題にもならない。これが毎月5万円になると13年で2倍になる。まあこの程度なら年率にするとおカネの伸び率は４～５％程度だから許容範囲だろう。というのも、先ほど過去の日本における通貨供給の伸び率とインフレ率をグラフで示したが、毎年の通貨の伸びが10％だった高度成長期～バブル期の時代でも、インフレ率は５％かそれ以下だったんだ。だから年率５％程度のおカネを増やし続けても、極端なインフレになる心配はないと考えられる」

みう「そういわれてみると、毎月４～５万円程度までのベーシックインカムなら通貨発行でも対応できそうな気がするのです。それ以上になると、やっぱり税金で賄うしかないような気がするのです。ハイパー増税するのですか」

世の中のおカネが増えると税収も増える

ばらまきマン「いやいや、そうとは限らない。増税する前に検討すべきことがある。

①これまでの社会保障費を付け替える
②世の中のおカネが増えると税収が増える

この二つがあるから増税は最小限に抑えることができる。まず最初に①今まで社会保障の費用として税金や保険料として集めていたおカネがあるから、それを財源として付け替える方法がある。たとえば毎月5万円のベーシックインカムを支給するようになれば、年金や生活保護、失業手当として支給されてきたうちの5万円は支給しなくても良くなる。そのぶんだけおカネが浮くわけだから、それを新たな財源として組み込めばベーシックインカムの支給額をさらに増やすことができる。そしてベーシックインカムの支給金額を徐々に増やしていった場合、将来的に生活保護や年金として支給されている金額とベーシックインカムによる支給額が同額になるなら、給付型の社会保障はベーシックインカムに統合される。そうなると社会保障の財源として徴収されてきた税金や保険料はすべてベーシックインカムの財源となるわけだ。

では、給付型の社会保障のためにどれくらいの税金や保険料が徴収されているのだろうか。ちょっとデータは古いけど2011年の社会保障の国民の負担額の内訳（参考資料※4）によると、税金と保険料を含めた国民の社会保障負担額は合計で99・6兆円だった。そのうち医療と介護といった病気の人に限られて支給される分を除いた負担は58・2兆円となる。このおカネを仮にベーシックインカムの財源とすれば、国民１人当たりおよそ毎月４万円の支給額が可能になる。実際のところベーシックインカムが実施された後に、この歳入額が増えるか減るを予測することは難しいけれど、仮にそのままだとすれば通貨発行も含めて合計で毎月８万円くらいの支給は賄えるんじゃないかな」

みう「そうか、いま現時点で国民が社会保障のために負担している税金や保険料をベーシックインカムの財源に振り向けることができるのです」

ばらまきマン「そして②世の中のおカネが増えると税収も増えるという事実がある。なぜか。おカネを増やすと景気が良くなるから、循環するおカネの量が増加する。すると所得税や消費税、法人税のように循環するおカネに課税する方式の税収は自然に増加するんだ。そういうメカニズムになっている。そもそも世の中のおカネの量が増えれば、それだけで税収が増えやすくなるのは当然だよね。逆に言えば世の中のおカネを増やさなければ税収は増えない。それは過去の日本の例で知ることができる。

これは世の中のおカネの伸び率と一般会計税収の推移を同時に示したものだ。（図11）（参考資料※1）１９９０年までおよそ10％程度でおカネが増え続け、その間は税収も順調に増え続けた。ところが１９９０年以降、通貨の伸びが３％程度まで落ち込んでから税収は伸びなくなった。つまり逆に言えば、おカネを増やし続ければ税収を増やすことができると考えられるんだ。先ほどの例で言えば毎

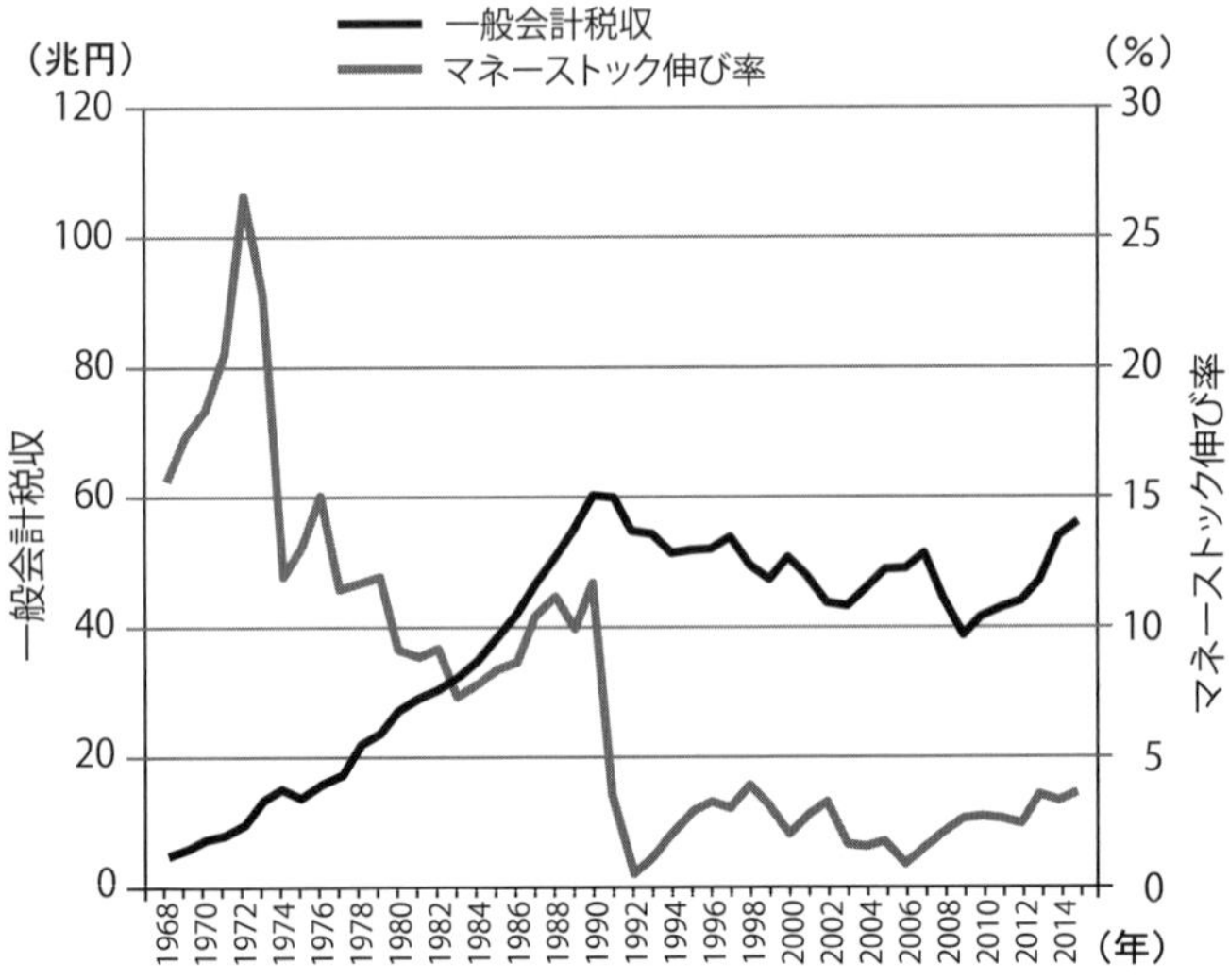

図11　マネーストックと一般会計税収の長期推移

データ出典：内閣府 日本経2016-2017 長期経済統計
総務省統計局 統計データ 財政

月4～5万円のベーシックインカムを通貨発行で賄うとすれば、それだけで5%程度の通貨の伸びが実現する。もちろん、おカネをどれくらい増やすと、税収がどれだけ増えるかを正確に予測することは困難だ。だが１９９０年より以前は10％くらいのおカネが毎年増え続け、税収も毎年10％に近い勢いで伸びていたのは事実なんだよ。そう考えると、通貨発行と社会保障費の付け替え、税収の自然増によって、なんとなく毎月10万円くらいは支給できそうな気がするよね」

みう「毎月10万円ですか、それだけあれば今の私の給料が2倍くらいに増えるのです。そしたら生活が楽になるし、欲しい洋服やバックも買えるし、ちょっと高いけど評判のレストランなんかで外食もできるのです。とても出来なかった貯金もできるようになるのです。すごいのです。でも老後の年金や失業保険が全部ベーシックインカムに置き換わったとしたら、毎月10万円の支給額だけだと生活できない気がするのです。老後がとても不安なのです」

ばらまきマン「はっはー（なんで若いくせに老後の心配なんかするんだよ）、確かに毎月10万円だとそれだけで生活するのは難しい。もし年金や失業保険の代わりにベーシックインカムを支給するなら、生活保護と同じ程度に、例えば毎月15万円くらいは欲しいところだ。となれば税収に頼ることになる」

みう「やっぱり税金ですか、ハイパー増税なんですか」

ばらまきマン「やっぱり税金と聞くと目の色が変わってしまうな、その気持ちはわかるよ。だが実質的に多くの国民の負担を増やさない形で新しい税制を導入することは可能だ。簡単に言えば、国民におカネを撒きながら世の中全体に課税をすればいい。課税すれば国民の使えるおカネが減ってしまうが、同時におカネを発行して国民におカネを配るから国民の負担は実質的には増えない」

みう「はあ？　国民におカネを配って、そのおカネを国民から税金で吸い上げたら、最初から配る意味がないじゃないですか。アホですか。死ぬのですか」

ばらまきマン「はっはー（あいかわらず遠慮のないねえちゃんだな）、そんなことはない。おカネを国民に配ると年収1000万円や2000万円のように高額所得の裕福な人々は使わずにほとんど貯め込んでしまうだろうが、年収200万円や300万円の貧しい人々はその大部分を生活費に使ってしまうだろう。すると国民に配ったおカネはどこへ行くのか？　富裕層の貯蓄として貯め込まれたり、大企業の内部留保として貯め込まれることになる。それらは「貯蓄」つまり金融資産と呼ばれるんだ。金融資産とは現金・預金、株式・証券・債券などのことだよ。この金融資産に一律に1％とか2％の金融資産課税を新たに導入する。

するとどうなるか。税率は全国民・全企業均等の1％や2％だけど、貯蓄のほとんどない貧困層の人々の払う税金はほとんどゼロで、おカネを貯めこんでいる個人や企業の支払う税金の金額は多くなる。**つまり配ったおカネを使わないで貯めこんでいる人からおカネを回収する。**だからおカネを配って、それから配ったカネを回収することにも十分に意味があるわけだよ」

みう「面白い、面白いのです。国民一律におカネを撒いて、一律に課税することには十分に意味があるのです。私は貯金なんか1円もないから貯金に課税されても関係ないのです。おカネは貰えるけど税金はまったく増えないのです、すごくいい制度なのです」

ばらまきマン「現在の日本の金融資産は家計が１８００兆円、企業が１１００兆円もあるという（２０１６年末時点）。これに一律で２％の課税をしただけで58兆円もの税収が得られる。この58兆円を毎月の支給額に換算すると４万円のベーシックインカムになるんだ。すると先ほどの10万円とあわせれば、なんとなく毎月14万円くらいのベーシックインカムに手が届きそうに思えるだろう。もちろんこれは皮算用だからその通りに行くとは限らないけれど、財源の方向性は見えてくるはずだ」

デフレ博士「ふん、金融資産に課税なんぞしたら、金持ちがみんな海外に逃げてしまうぞ。海外の銀行におカネを移して隠したら、誰の銀行口座なのかわからんじゃろう。おまけに紙幣を銀行から引き出して金庫に仕舞い込む『タンス預金』が増えるだけじゃ。そしたら税金なんか取れないに決まっておる」

ばらまきマン「確かに今すぐに金融資産課税を導入すると、そういう事態になるかも知れない。**そこで重要なのがおカネのキャッシュレス化（紙幣・硬貨の廃止）だ。**今の日本では1万円札や千円札を持ち歩いて紙幣や硬貨でおカネの支払いをすることも多いだろう。そうした紙幣の利用を止めてすべて電子カードなどで決済することをキャッシュレス化という。そうするとおカネはすべて銀行の口座に存在するだけになる。

そして銀行口座に課税する場合の税率は、家計も企業も、金持ちも貧乏人もすべて一律なので、口座の名義を特定する必要はない。こうなると本人がどこへ行こうが隠れようが偽名を使おうが、口座そのものに課税されるので逃げられない。つまりマイナス金利と同じで口座の名義とは無関係に一律に課税されるので、本人確認の必要はまったくない。金融資産にはおカネだけじゃなくて株式なんかも含まれているけど、そのうち現金と預金だけだと家計が937兆円、企業が244兆円だから、合計1181兆円が課税対象になる。

お金持ちが節税のために外貨に交換して外国の銀行に送金してしまうかも知れないけど、外貨は為替リスクが非常に高いから、税率1～2％程度を逃れるためにそんなリスクを負う人は少ないだろう。仮に外貨に交換されたとしても、おカネそのものが消えることは無い。つまり外貨を売った人におカネが渡っているはずだから、結局はそこに課税されることになる。**これは『おカネそのものに課税す**

る』方式なので、いままでの税金の常識は通用しないんだ。おカネ以外の残りの金融資産は株式や証券等だけど、これは完全に把握するのは難しいから逃れられるかも知れない。それは別にいいんじゃないかな。完璧を期す必要はない」

みう「でも、今すぐにキャッシュレス化は無理なのです。おカネを持ち歩いて買い物することが多いので、不便なのです」

ばらまきマン「確かにそうだ。**しかし今すぐ完全にキャッシュレス化する必要はなくて、計画的に徐々に進めて10年くらいでキャッシュレス社会を実現すればいいんだ。そもそもベーシックインカムを完全に導入するには10年くらい時間をかけたほうがいい。**それまでの間は財源として金融資産課税は考えず、通貨の発行やそれに伴う税収の自然増、あるいは既存の社会保障費の付け替えなどで対応しておけば良い。実際のところ金融資産課税を導入するまでもなく、通貨発行や税収の自然増によってベーシックインカムに必要な歳入の大部分が確保できるようになるかも知れないし、そこは徐々にベーシックインカムの支給額を増やしながら様子を見て柔軟に検討すればいいんだ。だから仮に金融資産課税の導入が必要な場合になっても、いきなりポンと2％の金融資産課税をやってはいけない、徐々に増やすんだ。**そしてあくまで増税は『最終手段』だ。**本当に足りない場合に必要最低限の税率で行うと考えた方がいい」

みう「でも金融資産に課税するって、いままでにない制度なのです。そんな話は聞いたことがないのです。ばらまきマンさんが勝手に言ってるだけじゃないのですか」

ばらまきマン「はっはー（失礼なヤツだな）、ピケティというフランスの偉い博士も言っていたぞ。2015年の1月に日本にやってきて当時ブームを引き起こした有名な経済学者だ。と言ってもピケティ博士が必要性を主張していたのは金融資産課税じゃなくて資産課税だ。資産課税となれば金融資産（預金や株式・証券）だけじゃなく不動産（土地・建物・自宅）、場合によると美術工芸品や乗用車みたいなものまで含まれてしまう。そこまで含めると個人別に資産を把握するのが大変だ。それにマンション経営の不動産と自宅の不動産じゃあ用途が違うから、一律に課税するのもどうかと思う。だから範囲を狭めて金融資産に絞り込んで課税するのも一つの方法だ。というわけだから、金融資産課税は何もおかしな発想じゃない。

ピケティ博士が資産課税を主張した背景には、止め処なく拡大する貧富の格差の問題がある。貧富の格差を是正するには資産に課税する必要があると考えるのは当然だろう。しかし金融資産に課税する必要性は貧富の格差だけじゃない。富裕層の人々は所得にゆとりがあるので、給料や配当金のような毎年の所得の多くを使わずに貯め込んでしまう。おカネがどんどん貯め込まれると世の中のおカネが回らなくなってしまう。政府がいくら通貨を発行して世の中のおカネを増やしても、おカネを増やす片端から富裕層がどんどん貯め込んでしまえばキリがない。だから富裕層が貯めこんでいるおカネの一部を回収して再び世の中に循環させる必要があると考えられるんだ。だから金融資産課税は重要かつ合理性がある。

とはいえ、人間はとにかくおカネを貯め込むのが大好きだ。ほとんど『麻薬』と言っていい。たぶんおカネを貯め込むと脳内で快感物質が放出されるに違いない。それはさておき、そういう人間の特質から言えば金融資産にあまり高い税を課すと人々の不平不満が高まるかも知れない。だから１～２％程度の低い税率で、すべての国民に均等に課税する方法が良いと思うんだ。**仮に課税する場合でもむやみに税金に頼るのではなく、基本的には通貨を発行して世の中のおカネを増やしながら、世の中のおカネをどんどん回し、インフレによって資産の格差のバランスを取る方法が良いと思う。その方が市場原理も働いて健全だろう**」

みう「そうなのです、無理矢理に税金を取られるより、インフレで社会全体が財源を負担する方がいいのです。どっちにしても給料が毎月10万円しかない私にとっては、インフレよりベーシックインカムの方が圧倒的にお得なのです。はやくするのです」

貯蓄ではなく循環が社会保障を維持する

デフレ博士「インフレなど絶対に反対じゃ。インフレになったら限られた年金で生活している人は生活が厳しくなるじゃろう。お前は老人の敵じゃ」

ばらまきマン「はっはー、**インフレになったとしても生活できなくなる心配はないよ。なぜならインフレになればベーシックインカムの支給額も増えるからなんだ。**さっきも話したけど、物価がどうであろうと財（モノやサービス）がより多く生産できる社会になれば、人々に分配される財の量も必然的により多くなる。インフレでおカネの価値が落ちたとしても、それはあくまで単位あたりのおカネとモノの交換レートが変化するだけだ。だからインフレの環境において分配される財の量が多くなるということは、国民に支給されるベーシックインカムの金額は必然的に増えることになる。

たとえば①物価1円で100個の商品が生産されているとする。この商品を家計にすべて分配をするためには総額で100円のおカネが循環することになり、家計に100個の商品が分配される。もし物価が10倍の10円になったとしても、同時に循環するおカネも10倍の1000円になるなら、家計に分配される商品の量は変わらない。また、②物価が10倍になっても生産量が1・5倍の150個に増えたとすれば、総額で1500円が循環して、家計には150個の商品が分配されることになる。

物価が上昇しても豊かになる

「物価＝1」の時

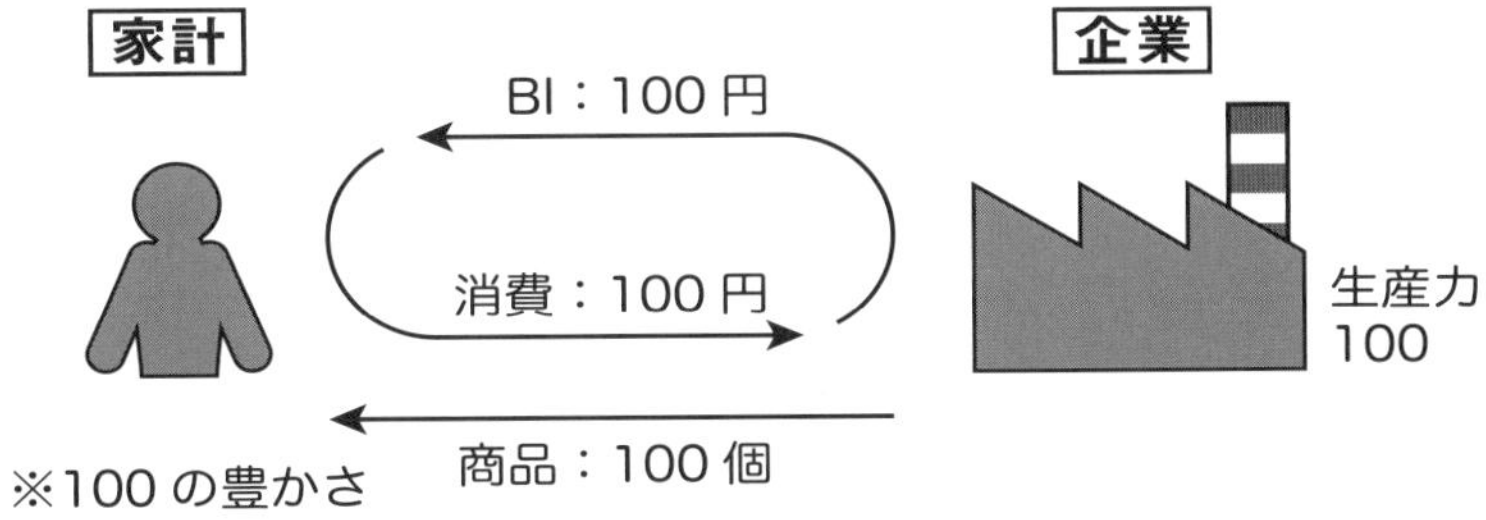

物価が 10 倍になりました

「物価＝10」の時

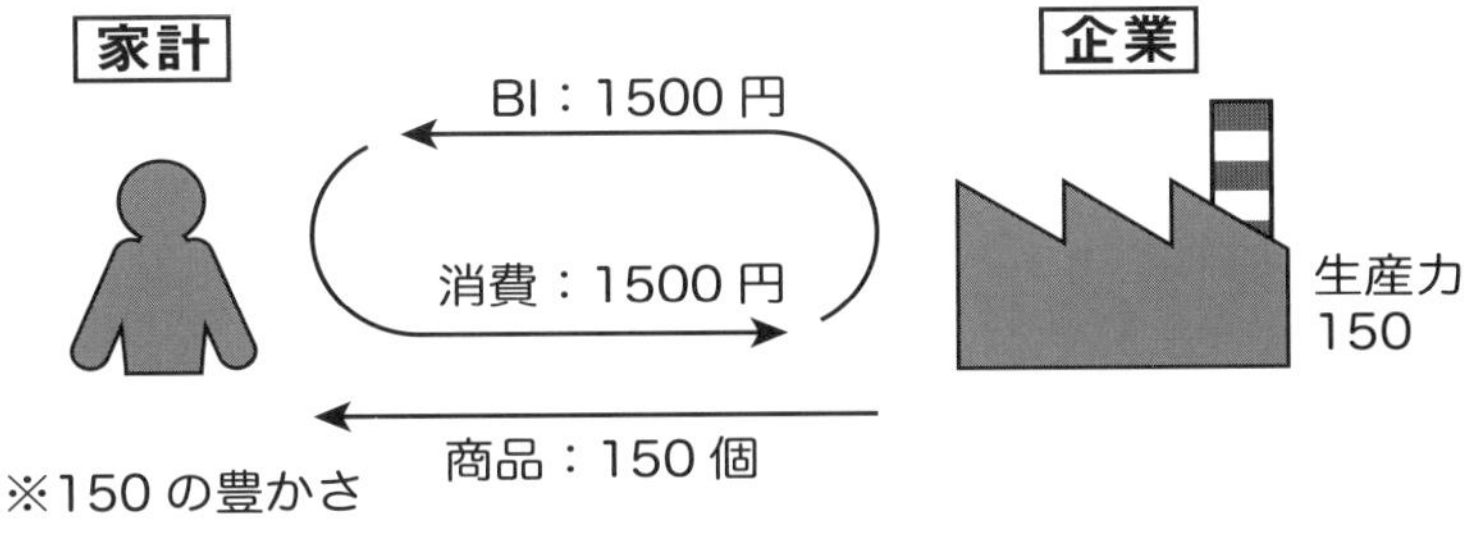

生産力が向上（100 から 150）すれば、物価が 10 倍になっても、むしろ豊かになる。

※図の単純化のため 100%ベーシックインカムの社会になった時を想定

つまり物価が10倍になっても、生産力が1・5倍になれば家計が受け取る商品も1・5倍になる。要するに、本質的に物価と人々の豊かさには関係がない。これと同じで、物価が上昇したとしても生産力が同じであれば、その分だけベーシックインカムの金額も増えるから受け取る商品の量は減らないし、もし商品を生産する能力が増えるなら、さらにベーシックインカムの金額が増えるから、分配される商品の量も増加する。従って物価だけ上昇して生活が苦しくなることは決してないんだ。これは高度成長期の物価と賃金の関係と同じだ。

だから、老後に備えて無理におカネを貯める必要はない。より多くの財を生産できる社会になれば必然的にベーシックインカムとして貰えるおカネの量が増え続けるから、老後の生活は豊かになる。つまり老後の生活にとって重要なのはおカネを貯めることじゃなくて、世の中の財の生産力をどんどん高めること、供給力を高めることなんだよ」

デフレ博士「ふん、生産力だか供給力だか、そんなものは信用できん。カネさえあれば問題ないんじゃ」

ばらまきマン「それは考え方が逆だよ。いくらおカネがあっても生産力が破綻してしまえば意味がない。例えば世の中の生産力が破綻してしまえば財（モノやサービス）が生産できなくなるから、どれだけおカネを持っていても何も買えないんだ。カネは生活を支えてくれない、カネは食べることも着ることもできないからね。生活を支えてくれるのはあくまでも生産力、供給力だ。生産力を維持向上させるためにはおカネを貯め込むのではなく、おカネをどんどん回して日本経済を常に健全な状態に保たなければいけないんだ」

デフレ博士「何を言うか、日本の生産力なんぞ破綻しても関係ないワイ。外国から商品を買えばいいんじゃ。日本の円の価値さえ高ければ、日本経済なんぞどうなっても関係ない。日本はもうダメなんじゃ、これからは海外だ。日本は頼りにならん」

ばらまきマン「はっはー、それは甘いよ。**日本の円の価値が高いのはなぜなのか？ それは日本の生産力がズバ抜けて高いからなんだ。それが円の価値を支えている。**つまり円を持っていれば日本で生産される最先端の様々な商品を買うことが出来るからこそ、円を持つことに価値がある。もし日本に生産力がなければ円の価値はたちどころに消えてしまう。円を持っていてもろくな商品が買えないからね。

日本経済がダメになっても外国から商品を買えば良いという。確かに短期的にはそれで成り立つだろう。しかし外国から商品を買い続けると輸入ばかり増えることになるから、為替市場では円がドンドン安くなってしまう。すると円建てで買う時の値段もドンドン上がってしまうから、やがて値段が高すぎて買えなくなってしまう。深刻な高インフレに見舞われるようになる。あくまでも日本の経済がしっかりして輸出と輸入のバランスがきちんと取れないと貿易は成り立たないんだ。

貯めたおカネが老後を保証することはない。
循環する通貨に支えられた健全な経済力が老後を保証する。

それが基本なんだ。それを理解しないとおカネに振り回されて本質を見失ってしまう。多くの人がおカネを貯めこみ、インフレを恐れておカネの価値を守ることに必死になってしまう。だが結局はそれが日本の経済をデフレで麻痺させ、みんなの生活を脅かすことになってしまう。個人が良かれと思ってやったことも、それを日本のすべての人がやると社会全体の不幸を招いてしまう」

デフレ博士「ぐぬぬ、ワシはカネの価値を信じていままで生きてきたのじゃ。それが常識じゃった。その常識が間違っていたというのか。なんということだ……」

ばらまきマン「はっはー、**テクノロジーが進化することによって経済環境は20世紀から大きく変化したんだよ。**価値観の大転換にどうやらショックを受けているようだな、そういうあんたにはバラマキ光線！」

デフレ博士「うひゃぁあああ、なんとしたことか、う〜ん、なんかハッピーな気分になってきたワイ。おお、ワシはいま目覚めた、すばらしい、もう無理してカネなんか貯め込む必要はないんじゃ。うひゃひゃ、気分爽快じゃわい。やせ我慢なんぞせんでもいい、これからはおカネを使ってもっと生活を楽しむのじゃ。うひゃひゃひゃひゃ」

ばらまきマン「はっはっはー、一件落着だ（アー疲れた）。わーはっは」

みう「あの何ですか、バラマキ光線って。そんなら最初からバラマキ光線で攻撃すれば一件落着なのです。これまでの話の苦労をすべて無にするような光線を発射しないで欲しいのです。そんなことより、早くおカネが欲しいのです。おカネ、おカネ」

（4）ベーシックインカムのサブタイプ

目的別のベーシックインカム

ばらまきマン「はっはー、ところでベーシックインカム制度を導入すべきだと主張している人はオレの他にも大勢いるけど、それぞれ主張する人によってベーシックインカムの目的が違っている。すべての人におカネを配るという点においては同じだが、主たる目的が異なるため、その内容には意外なほど大きな違いが見られる場合があるんだ。お嬢ちゃんには、まずそこを知っておいて欲しい」

みう「へえ、同じベーシックインカムでも目的や内容が違う場合があるのですか。どんな違いがあるのですか」

ばらまきマン「考え方はいろいろあると思うが、オレは目的別に次のように分類しているんだ。

①社会福祉の充実や弱者救済を目的とするもの
②社会保障制度や行政の効率化を目的とするもの

③技術的失業問題への対応を目的とするもの

④自由主義の達成を目的とするもの

それぞれは入り口となる目的が違っている。そのため結果として得られる効果が互いに重複することになる場合もあれば、逆に相反する場合もある。**だからベーシックインカムを一纏めにして考えるんじゃなく、違いがあることを前提として考える必要があるんだ。**少々ややこしいけどね。それぞれにどんな違いがあるかを簡単に考えてみよう。

①社会福祉の充実や弱者救済を目的とするもの

ベーシックインカムの原点とも言うべき考え方だ。ベーシックインカム運動はまだまだ貧しい人の多かった1960年中ごろにアメリカで始まったといわれているんだ。その運動はイタリアやイギリスにも広がったといわれており、当時は街頭でベーシックインカムを求めるデモ行進などが盛んに行われたというが、この活動は日本には及ばなかったようだ。こうした運動は黒人や貧しい母子家庭、主婦の間で広がり、そうした人々の生活を改善することを目標としていたので、弱者救済や福祉を目的としていたと考えることができる。こうした福祉の考え方は一般に左派系、リベラル系の政党の考え方に近い。ベーシックインカム制度によって貧困を解消し、貧富の格差を縮小することが目的となるだろう。

②社会保障制度や行政の効率化を目的とするもの

小さな政府の考え方に近い人々のなかにもベーシックインカムに賛同する人たちがいる。彼らは現行の社会保障制度には無駄が多いと考えているんだ。現行の社会保障は保障対象の審査や支給金額の決定など行政の裁量によって決められる部分が多い。さらに年金、生活保護、失業手当、児童手当のように種類が多数あって管理もそれぞれ別に行われている。そのため手続き等に膨大なコストが必要とされるんだ。つまり間接経費が多い。これだとせっかく税収で集めたおカネも、社会保障として国民に再分配される前に、経費として多くの部分が消えてしまう。これはムダだ。だから給付型の社会保障である年金、生活保護、失業手当、児童手当などを一本化して一元管理にすることで運用管理に関わる経費を大幅に削減し、その分だけ再分配を多くしようとする考えだ。小さな政府とは資本主義的な自由経済を推し進め、政府による経済への関与を減らして自己責任型の社会を志向する考え方に近い。もし既存の社会保障制度のまま少子高齢化社会に向けて保障制度を拡大すれば、ますます政府の関与を増やすことになるため、行政の効率化の観点からベーシックインカムを推進していると考えられる。

③技術的失業問題への対応を目的とするもの

人工知能やロボットの急速な進化に伴って、近年に登場してきた考え方だ。先ほども説明したように、人工知能やロボットが人間の代わりに仕事をするようになると、多くの人が仕事を失うことになると考えられている。とはいえ、それは人間が無味乾燥な労働から解放されるための第一歩になるはずなんだが、困ったことに仕事がなくなると収入もなくなってしまう。そんな状況では人間が労働から解放される未来は永遠に来ないことになる。とても矛盾している。そこでそうした事態を避けるために「労働しなければ1円の所得も得られない」という現代経済の仕組みを修正する必要があるんだ。これが『AI（人工知能）からBI（ベーシックインカム）への流れ』と言うヤツだ。人工知能やロボットが人間の労働なしに自動で作り出した財をみんなに分配するために、労働とは無関係に一定の所得をすべての国民に給付する。**とはいえ、まだまだ人工知能やロボットの進化は十分ではないし、最初から多額のおカネを国民に配ると社会が混乱する恐れもある。だから小額の給付から始めて徐々に、計画的に増やすことをオレはお勧めしているんだ。**というわけで、人工知能やロボットの進化にともなって発生する技術的失業問題を克服しつつ、労働の苦役から開放された未来社会を実現することを目的としている。エンジニアの立場からベーシックインカムを推進する人たち、シリコンバレーあたりだとこういう考えの人たちが多いのではないかと思う。

④自由主義の達成を目的とするもの

自由主義というのは定義が難しいんだけど、社会的・政治的に制約されない自由とか、政府から干渉を受けない自由とか、大企業や資本からの自由とか、いろいろな考え方があるよ。何者にも縛られず可能な限り自分の意思で自由に活動したいという考えだ。現代の社会は「自由主義だ」といいながら実際には多くの制約がある。中でも経済活動に関する制約はとても大きい。なぜなら現代の資本主義社会ではすべての生産手段が私有化されているからだ。たとえば土地、海などはすでに誰かの所有物になっている。これでは自由な経済活動は最初から不可能だ。本当に自由な経済活動とは、例えば誰のモノでもない土地があって、それを自分の意思で切り開いて作物を作り、家畜を飼い、家を建てて生活する活動だ。まさに誰にも制約されない自由な活動だ。

しかし現実にはそれは不可能であり、土地や海などのような不動産から、生産設備、建物施設、あらゆる生産手段はすでに誰か（それを資本家という）によって所有された状態にある。従ってこの世界に生まれてきた大部分の人々は、生まれながらにして生産手段の所有者である企業などで賃金労働することでしか生活できない、ある意味で依存しなければ生きて行けない。これが個人の自由な活動を大きく制限していると考えられるんだ。とはいえ、そうした『所有の仕組み』を根本的に変えることは社会に大きな混乱をもたらしてしまう。それこそ共産主義革命になってしまう。そんなことをしなくてもベーシックインカムによって生存のために必要とされる所得をすべての人に保障すれば、誰かに依存することなく生活できるようになる。自由を得ることができるわけだ。こうして自由主義の思想を持つ人たちは、ベーシックインカムを支持していると考えられる」

みう「うげー、いきなり話がむずかしいのです」

ばらまきマン「はっはー、やさしい順に並べたので、最後の方はわからなくていい。ベーシックインカムは①〜④のどの目的に対しても効果がある。**しかしどれを主な目的とするかによって主張に違いが生じてくる。この違いは意外なほどに大きい。だからベーシックインカムの話を聞く時には、どのタイプのベーシックインカムなのかを注意する必要があるんだ。**この違いの影響については、また後ほど説明するよ」

ベーシックインカムの導入方法

ばらまきマン「また、ベーシックインカム制度を社会に導入する方法は幾つか考えられる。だからベーシックインカムは導入方法によっても違いがあることになる。例を挙げてみよう。

①小額スタート逓増方式
②満額支給スタート方式
③年金&子供手当て方式
④失業給付方式

①小額スタート逓増方式

毎月1万円をすべての国民に給付するところから始めて、様子を見ながら徐々に給付金額を増やしていく方法。これはオレがお勧めしている方法だよ。留意すべき点は、一時的な景気刺激のために「場当たり的におカネを配る」のではなくて、例えば10年間かけて完全なベーシックインカム制度（例えば毎月支給額10万円）を実現するといったビジョンを明確に持ち、計画的に着実に実行する必要があるってことだ。場当たりでおカネを配るだけだと、途中で立ち消えになってしまうかも知れないからね。

この方法の利点は幾つかあって、まずベーシックインカム制度をスタートする時点で大きな財源を必要としない。国民に毎月1万円を給付するための財源は年間15兆円あれば良い。都合が良いことに日本はデフレだからインフレの心配をすることなく通貨発行だけでスタートができる。また社会保障制度に大きな変更を加える必要もない。今までの社会保障制度はそのままにして、それに加えて毎月1万円を全国民に給付するだけ。もし二重給付がムダだと言うなら、ベーシックインカムの金額分だけ他の社会保障制度で受け取る給付金を減らしてもいい。いずれにしろ社会保障制度を大きく変更する手間はかからないし、それに伴う社会の混乱を心配する必要はないんだ。

ベーシックインカムによって働く人が減るとか、労働意欲が低下すると心配する人も居るけど、毎月1万円や2万円を貰っただけで仕事を辞めたり、怠けたりする人が出てくるとは考えにくい。賃金が低い人たちは、賃金が低いだけでモチベーションが低下する場合もあるはずだが、ベーシックインカムで所得がアップすれば気分が良くなってモチベーションが向上することもあるだろう。単純なものだが所得が増えればそれだけで人々は笑顔になり世の中は明るくなる。話はすこし脱線したが、小額スタート逓増方式は現実的な導入方法であり、始めようと思えばそれこそ今すぐにでも始められるという点で優れていると思う。

②満額支給スタート方式

制度のスタート段階から毎月10万円とか15万円のように、最低生活が可能な金額を支給する方法だ。この方法が問題なく導入できればそれに越したことはないが不安要素もある。インターネットのツイッターなどで流れてくるベーシックインカムに反対する声の大部分は、この満額支給方式のケースを想定しているんだ。

例えば財源がないという話が出てくる。毎月10万円を給付しようとすれば年間で１４４兆円ものおカネが必要になるから、現在の給付型社会保障の歳入約60兆円を組み替えたとしてもまったく足りない。仮に不足分を通貨発行で補おうとすれば、いきなり年間80兆円以上のおカネを発行することになるから、経済に大きな影響を与える可能性もある。そんなことをすればハイパーインフレになると批判を浴びてしまう。

また、税金だけで対応しようとすれば、かなりの増税を強いることになる。仮に財源を消費税としよう。消費税1％引き上げによる歳入の増加額はおよそ2・5兆円と言われるので、もし不足分80兆円を消費税の増税で賄おうとすれば消費税を30％以上引き上げる必要がある。2014年にわずか3％の消費税を引き上げただけで日本の景気回復が腰折れしてしまったことは記憶に新しいが、その10倍の30％も消費税を引き上げれば大変なことになる。財源として所得税の引き上げ、あるいは新たに金融資産課税を導入する方法もあるが、いずれにしろ急激な課税になることは間違いない。ベーシックインカムの導入によって、税金が大幅に引き上げられるのではないかとの不安を訴える人が多いのも、こうした理由による。ベーシックインカムによって働く人がいなくなるという心配も、満額給付からスタートすればあるかも知れない。

ベーシックインカムがどれほど優れた制度であったとしても、この考え方やシステムは従来の世の中の仕組みを根底から変えるほどのインパクトがあるため、いきなり全面的にスタートすれば社会に混乱を招く恐れがあると思われるんだ。

③年金＆子供手当て方式

65歳以上の高齢者と15歳未満の子供に給付金を支給するところからスタートする方法だ。これは金額を小額から開始するのではなく、支給対象年齢を絞って開始する方法で、支給金額は毎月10万円あるいは15万円のように最低生活を保障する金額とする。ベーシックインカムへの反対論として『働く人が居なくなる』との主張がある。そこで働く必要がないはずの非生産年齢人口の対象者から支給を開始する。そもそも労働人口に数えられていない人に配るのだから、働く人が居なくなる心配はないはずだ。ベーシックインカムを基礎年金（国民年金）の代替として考える場合は支給金額として毎月15万円は必要だが、15歳未満の子供手当てとして考えるならその半分の毎月７万円で良いかも知れない。

そして状況を見ながら対象年齢を拡大していくんだ。年金支給開始年齢を65歳から64歳、63歳と引き下げてゆく。また子供手当ては15歳以下から引き上げて、最終的には大学卒業の年齢である22歳とする。今日、多くの政党が教育の無償化を政策として掲げ始めているが、子供手当てはそれを拡大したものと考えられる。また同時に近年社会問題化しつつある子供の貧困に対する対策としても大変に有効だよ。

そもそも人生が１００年になったからといって、おカネを貰うために嫌な仕事をさらに長期間強いられるだけの人生なら、単に苦痛な人生が延びるだけで夢も希望もない。**若いうち、まだ体力の十分**

にあるうちに『生活のための労働』から解放されて、自分の意思だけで、自分のやりたい道にチャレンジできる人生なら100年も短く感じるだろう。それこそが人工知能とロボットが人類にもたらす最大の恩恵だと思う。その恩恵を少しでも早く受けられるよう、徐々に制度を広げてゆくことは一つの方法だと思う。

④失業給付方式

失業中の人に給付する方法だ。支給金額は最低生活を保障する毎月15万円程度、あるいは従来の失業給付金の支給金額算定基準に基づいても良いだろう。ベーシックインカムの場合はすべての国民に給付されるため、失業者であろうと就業者であろうとおカネが給付されることになる。これをムダだと思う人も多いはずだ。であれば失業者にのみ給付を限定すれば良いだろうとの考えがこれだ。

現在の失業給付制度では失業保険に加入していなければ給付を受けられないし、給付期間も3ヶ月や6ヶ月と大変に短い。あくまでも短期間での再雇用を前提とした制度なんだ。しかし人工知能やロボットの進化に伴って生じる失業の場合は、そう簡単に再就職できない。大量に発生すると予測される技術的失業の数に見合うだけの雇用を生み出すことはかなり困難だし、仮に雇用を生み出したところで、より高度な能力を求められる仕事が増えるはずだから、再就職の難易度はこれまでとは比較にならないほど高いだろう。つまり失業が長期化する恐れが高い。

そこで失業の長期化に対応するために、給付期間を無期限に延長する。また支給対象は雇用保険への加入者に限らず、家庭の主婦や高齢者も含め、生活のために働いて所得を得る必要がある人たちのうち、失業中のすべての人が対象となる。**この方法だと支給対象者が限定されるので、制度を運用するために必要な予算を低く抑えることができるメリットはあるが、懸念もあるんだ。**

『働かない方が得だ』と考える人が出てくるかも知れない。通常のベーシックインカムの場合は働いている人も働いていない人も平等に給付金を受け取ることができる。だから働けばそれだけ所得が増えることになる。一方で失業給付の場合は働くと貰えなくなってしまう。これは働く人から見ればすごく不公平に写るだろう。これは働く人のモチベーションを下げてしまう恐れがあるんだ」

みう「ベーシックインカムと一口に言っても、いろいろな考え方や導入方法があるのです。どんなベーシックインカムが良いのか、自分なりによく考えないとダメなのです」

ばらまきマン「はっはー、その通りだね。ここで述べたベーシックインカムの目的やスタート方式はオレが知ったり考えたりした方法だ。これ以外にあるかも知れないから、興味のある人はもっと自分でどんどん調べてみて欲しい。さて、それじゃあベーシックインカムのメリットや注意点についてもっと具体的に考えてみよう」

第2章

『生活のための労働』の終焉

早くベーシックインカムがスタートしないかな♩

はっはー
みんながそう願えば実現は難しくない。

まあああ、何ざます。あなたたちは！

働きもしないでおカネをもらうなんてハレンチざます！

おカネは労働の報酬としていただくのが正しいのです。

え〜！だって、おカネ欲しいもん。

ダメ
いけません！

また変なヤツが湧いてきたな。国民に労働を強いる労働宣教師のお出ましだ！

必死に働けば何でも解決すると言って、この世のすべての人間を労働に狩り立てるヤツ！

皆が働けば働くほど富が増えて豊かになるんざます！

ちがいます！何ざますか、このキャリアのかけらも感じさせない人は。

ところが実際はその逆になっているのだ。

みんなが働くほど賃金は低下してゆく。

①通用しないこれまでの一般常識

働けば働くほど賃金は下がる

みう「はやくベーシックインカム制度がスタートしないかな。楽しみなのです」

ばらまきマン「**そうだな、そのためにはベーシックインカムの知名度を高める必要がある。**国民の多くがベーシックインカムで盛り上がるようになれば、どこかの政党がそれを政策として掲げるようになる。例えば２０１７年の衆議院選挙では希望の党がベーシックインカムを公約に取り上げたが、そうした動きが増えてくるだろう。テレビでも少しずつ紹介されるようになってきた。その内容はまだまだ不十分だけど、まず知名度を高めることがベーシックインカム実現の第一歩だよ」

労働宣教師「まあぁ、なんざます。働きもしないでおカネを貰うなんて破廉恥な。おカネは労働の報酬としていただくのが正しい姿勢なのです。怠けておカネを貰おうとする態度が人間を腐らせるのです。皆さんはおカネが欲しいと言いますが、お給料が少ないのは働き方が足りないからです。すべての人々がもっと働けば、お給料は増えるのです。もっと働きましょう。働くことで給料が増えるのです」

ばらまきマン「はっはー、また変なヤツが湧いてきたな。国民に労働を強いる労働宣教師のお出ましだ。働けばなんでも解決すると言って、この世に存在するすべての人間を働かせないと気がすまないヤツだ」

労働宣教師「ち・が・い・ま・す。なんですか、このキャリアのかけらも感じさせないような人は、そんなことじゃ厳しい世の中を渡って行けないざます。健康なうちは働くのがこの世界の常識です。なぜなら労働こそがすべての価値を生み出すからです。だから、みんなが一生懸命に働けば、それだけで世の中は良くなるのです。働かない人がいると世の中が悪くなります」

ばらまきマン「はっはー、ところが実際にはその逆の現象が起きている。みんなが給料を増やそうと思って一生懸命に働けば働くほど、逆に給料は減る傾向にあるんだ。逆に働かない人が多ければ多いほど給料は増える。こういう、おかしな現象が実際には起きるんだ」

労働宣教師「な、なんと不道徳な発言ざます。働けば働くほどお給料が減って、働かない人が多いほどお給料が増えるなんて有り得ない。人間が働けば働くほど多くの付加価値が生み出されるのだから、お給料も増えるに決まってます。そんなことを言うと罰があたりますよ」

みう「う〜ん、確かに働けば働くほど給料が減るのは意味が分からないのです」

ばらまきマン「はっはー、というのは、賃金はその人が生み出した付加価値の量によって決まるわけじゃないからだよ。**多くの人は『働いて付加価値を生み出すことで賃金を得ている』と聞かされてきたからそう思い込んでいるだけだ。実際の賃金は労働市場と呼ばれる考え方によって、市場原理で決まる。これが市場経済の標準的な考え方だ**」

労働宣教師「まあぁ、賃金が市場原理で決まるなど、労働に対する冒涜や偏見ざます」

ばらまきマン「はっはー、確かに労働市場と聞くと人間の尊厳を軽視されたような嫌な気持ちになる。腹立たしいよね。だがいくら美しく考えたところで、実態は市場原理で決まる。**つまり人々の努力や働く姿勢とは無関係に、人手が少なければ賃金が高くなり、人手が余っていれば賃金は安くなる。**労働力の供給に対して労働力の需要が多ければ賃金が高くなり、労働力の需要が少なくなれば賃金は低くなる。まさに市場原理なんだ。賃金は付加価値ではなく市場原理で決まる。これが冷酷な現実だ。

仮に大勢の人が懸命に働いてたくさんの製品を生産できるようになったとしよう。サービス残業までしてより多くの財（モノやサービス）を生み出した。ところが皆が頑張って働くと人手が余るようになってくる。すると企業は人件費コスト削減のために従業員を解雇してしまうだろう。そうして失業者が増えると社会全体としてみれば賃金がどんどん減ってくる。また世の中の人手が余るから労働力が過剰となり、就職する時も賃金は低く抑えられてしまう。必死に働いても、ちっとも良いことはない」

みう「え〜、酷いのです。みんなが頑張って働けば働くほど首が絞まるのです矛盾しているのです」

ばらまきマン「はっはー、そこでベーシックインカムというわけだよ。国民におカネを配れば人々の購買力が増える。するとモノがどんどん売れるようになって工場や販売店は大忙しになり、人手が不足してくる。すると労働市場では労働力に対する需要が増えるから賃金は上昇するわけ。そうすれば多くの人が一生懸命に働いても給料は下がらないし、むしろ増える可能性もある。

とはいえ、そこまでして働く必要があるかと言えばそんなことはない。すでに説明したように将来的には人工知能やロボットが人間の代わりに働くようになるのだから、**必ずしも必死に働く必要はない。社会が豊かになれば働かない人が増えたとしても不思議じゃない。**だからベーシックインカムの支給金額を徐々に増やして、支給額が十分に多くなれば、ベーシックインカムのおカネだけで働かずに生活する人が登場しても不思議はない。

その一方で、どれほど機械化が進んでも一生懸命に働きたい人はいるだろう。そうした人たちは、どんどん働けばいい。するとベーシックインカムによってどんどん賃金が上昇する。なぜか。ベーシックインカムの金額が増えるにつれて、働く人が減ると考えられる。すると労働市場では労働力が不足するようになるから、働いている人の賃金はどんどん上昇する。働いている人は貴重で大切にされる。だから一生懸命に働く人は高い所得を得られるようになる。もちろん、これはベーシックインカムの支給額が十分に増えたときの話だから、今すぐにそうなるわけじゃない。でも支給額が少ない段階でも国民におカネを配ればモノがどんどん売れるようになるから、働いても働いても給料が増えない、なんてことはなくなる」

企業の生産性を高めても賃金は増えない

労働宣教師「ダメです、おカネをばらまく必要なんかありません、生産性を高めれば賃金は増えるざます。政治家も新聞テレビも生産性を高めることが重要だと言ってます。業務を改善して仕事の効率を高める、ムダな労働はしない、労働の質を高めれば賃金が増えるざます」

ばらまきマン「はっはー、確かに新聞テレビに登場する政治家や学者は、二言目には生産性と言っている。確かに生産性を高めることは大切だ。生産性が高まれば同じ労力でより多くの財（モノやサービス）を生産することができるようになる。しかし生産性が高まったからと言って、労働者の賃金が増えるとは限らないんだ。ここはとても重要な点だよ」

みう「生産性が高くなっても給料は上がらないのですか。なんか変なのです」

ばらまきマン「どうしてそうなるのか。生産性が高まると生産が効率的になるわけだから、1人の労働者が生み出す財の量は増える。すると同じ量の商品を生産するのに必要な従業員の数は少なくなるから、人手が余ってくる。企業は人手が余るとリストラするので失業者が増えることになる。この時、リストラされなかった人の給料は少し増えるかも知れないが、リストラで失業した人は給料がすべてなくなるわけだから、社会全体として考えると給料は増えない。そして就業者と失業者の所得格差、貧富の格差が増大する」

労働宣教師「ウソざます。リストラされた人が他の会社に就職すれば、失業者は増えないから社会全体として給料は増えるんざます」

ばらまきマン「確かにそうだが、今はデフレ不況だ。そのため社会全体としては人手が余っている。最近は新聞テレビがさかんに人手不足と報道しているが、実際には人手は不足していない。本当に人手が不足しているなら労働市場では賃金が上昇するはずだが賃金は増えていない。つまり失業者の数が減っているだけであって、人手不足と呼べるほどではないんだ。人手が余っているので転職後の賃金は転職前よりも低く抑えられてしまう。転職するたびに給料が減っている人の話をよく耳にするはずだ。失業前に正社員だった人も失業後は派遣社員・契約社員として再就職するケースが多いから、給料が増えるなんて状況じゃない。だから、生産性を向上することは重要だけど、それだけじゃあ労働者にとってメリットは何もない。それでもなぜ新聞テレビに出てくる政治家や学者が繰り返し生産性、生産性と唱えるかと言えば、それは生産性の向上が企業や株主にとって大きなメリットになるからなんだ」

みう「生産性の向上は労働者にメリットが無い場合でも、企業や株主のメリットになるのですか」

ばらまきマン「今の日本のようにデフレ不況で消費が伸びない状況にあると、企業間の値下げ競争が激しい上に売り上げも頭打ちだから企業は利益がほとんど出ない。売り上げが増えない状況で企業が利益を増やそうとすればどうするか？　コスト（経費）を減らして、その分だけ利益を稼ぎ出そうとするはずだ。コストの中で大きなウェイトを占めるのが人件費だ。だから残業代をカットして支払い賃金を下げたり、従業員をリストラしたりして人件費をカットすれば利益を増やすことができる。とはいえ、闇雲に残業を禁止したり、従業員を解雇したら人手が足りなくなってしまう。そこで登場するのが『生産性を高めましょう』という啓蒙活動だ。

仮に仕事の効率化が推し進められて生産性が向上したとしよう。すると人手が余ってくる。そこで企業は安心して残業代をカットしたり、従業員を解雇したりしてコストを減らし、利益を出すことができる。あるいはコストダウンによって製品の販売価格を引き下げ、価格競争力を高めて売り上げシェアを拡大することができる。そうして得られた企業の利益は株主に配当金として支払われることになる。だからオレは『生産性が向上すれば国民の賃金が増える』という政治家や学者の主張は信用していないし、そういう連中を俺は『生産性詐欺』と呼んでいるんだ」

みう「生産性詐欺は酷いのです。労働者に生産性の向上をさせておいて、生産性が高まったら賃金カットやリストラをする気がマンマンなのです。企業は悪質なのです。やっつけるのです」

ばらまきマン「はっはー（相変わらず過激なやつだな）。企業が悪者なんじゃなくて、そういう世の中の仕組みになっていることが原因だ。企業も株主も、世の中の仕組みに従って行動するしかない。誰かを悪者にして叩かなくても、ベーシックインカムを導入して世の中の仕組みを変えれば丸く収まる。

おカネを配れば国民の購買力は大きく拡大する。すると消費が増えて企業の売り上げが増加する。売り上げが増えれば生産量もふやさなきゃならない。このとき、もし生産性を高めなければ生産が間に合わなくなってしまうだろう。だから生産性を高めることは重要だ。こうして景気が良くなると生産性を高めて生産量を増やした分だけ売り上げも増えるから企業の利益は拡大する。そうなると企業が従業員を解雇する必要はないし、そもそも人手が不足するようになるからリストラどころか雇用を増やそうとするようになる。すると労働市場で賃金水準が上昇し、同時に企業の売り上げも増えるから当然ながら従業員の給料も増えることになる。

以上から分かる事は『生産性の向上によって労働者の賃金が上昇する』という考えは、無条件に成り立つのではなく、モノが売れる経済環境があって始めて成り立つことがわかる。その条件を満たすにはベーシックインカムによって国民の所得を増やすことが効果的だ。

そもそも生産性が高まることで賃金が増えるとしたら、増えた賃金の『おカネ』はどこから出てくるのか？　先ほど触れたように、世の中全体のおカネの量を増やさなければ賃金が増えることはない。おカネが自然に発生するわけではないからだ。確かに今現在、おカネは富裕層を中心として大量に貯め込まれているが、富裕層の人々が貯蓄をどんどん取り崩してまで消費を拡大するとは考えにくいし、現に貯めこまれたままだからこそおカネが世の中に出てこない。おカネがあっても死蔵されているなら、無いのと同じことだ。

だから生産性を高めることは大切だが、同時にそれに見合うだけのおカネを増やさなければ生産性を高める意味がないんだ。そして、おカネを増やさないままに生産性だけを高めると企業がリストラを始めるので、むしろ生産性を高めない方が労働者にとっては得になる。それでは社会は進歩しない。通貨の発行は健全な経済の発展にとって重要なんだよ」

みう「そうなのです、人々が働くと同時に、どこからか自然におカネが湧いてくるわけではないのです。だからお給料が増えるには、世の中のおカネの量が増えなければ始まらないのです。生産性が向上しただけではお給料は上がらないのです」

最低賃金を上げるほど格差が拡大する

労働宣教師「おカネを配らなくても所得を上げる方法はあるざます。最低賃金を引き上げれば良いのです。安い賃金で労働者を使わせないように、最低賃金をたとえば時給１５００円などと法律で決めてしまうのです。そうすれば強制的にお給料は上がるので、所得は増えるざます」

ばらまきマン「はっはー、時が20世紀なら最低賃金の引き上げは一つの方法だし、労働組合運動による賃上げ交渉も効果的だった。ところが時代は変わってしまった。最低賃金を引き上げると貧富の格差が拡大し、社会全体としてみると賃金は低下していくんだ」

みう「ひゃああ、またワケの分からない話なのです。矛盾しているのです」

ばらまきマン「たとえば最低賃金を１５００円に決めて企業に義務付けたとしよう。すると低所得者の賃金は一時的に増えるかも知れない。しかし人工知能やロボットが急速に進化してきた今日、企業は従業員の賃金を増やすよりも人工知能やロボットを導入して従業員を解雇する可能性が高いといえる。実際、アメリカで最低賃金として時給15ドル（約１５００円）を推進する運動が盛り上がったことがあるが、それに対してある会社は「時給を15ドルに上げるのなら、ロボットを導入した方がコストを抑制できる」と発言した（参考資料※３）。時代はすでにそういう段階なんだ。

だから、もし最低賃金を引き上げたら職場には人工知能やロボットが導入されて、従業員が次々に解雇されてしまうだろう。もちろん雇用され続けている従業員の最低賃金は増えるわけだから、彼ら

採用面接をはじめる。
えー簡潔に答えて下さい。
希望する月給はいくらですか。
食費光熱費家賃もろもろで20万円は希望します。
電気代トメンテナンスデ10万円アレバOKデス。
うちは週休二日制じゃないけど？
うーん有休を取れるなら……
メンテナンス以外ハ、24時間365日働キマス。
はい、ロボット君だけ採用ね。
こんなのロボットに
勝てるわけないじゃないの。

は以前よりも豊かになる。結果として就業者と失業者の所得格差が拡大し、失業者の増大に伴って社会全体として見れば労働者（国民）に支払われる総賃金は低下することになると考えられるんだ。労働市場において労働者とロボットによる賃金の低価格競争が始まってしまった。単純労働において人間とロボットが争えば人間に勝ち目はない」

みう「労働者とロボットによる賃金の低価格競争なんて、悲惨な話なのです」

ばらまきマン「はっはー、それだけじゃない。もし最低賃金を引き上げたらどうなるか。途上国には恐ろしいほど安い人件費で働く人がたくさん居る。グローバル化の進展した世界では、そうした外国で作られた商品が非常に安い価格で日本に輸入されてくるから、最低賃金を引き上げたら価格で太刀打ちできない。そうなると多くの企業が日本の工場を閉鎖して従業員をすべて解雇し、人件費の安い海外へ移転してしまうだろう。そうなったら最低賃金を引き上げたところで意味が無い。

また失業対策としては、むしろ最低賃金を下げるほうが良いとされるんだ。賃金の低いほうが企業は人を採用し易いから雇用が増えて失業率が下がる。不況で失業率が高いギリシャは賃金を引き下げるべきだと指摘する話もあるくらいだ。これが市場原理の冷酷な現実なんだ。だからと言って市場原理を否定して共産主義にするとどうなるかと言えば、すでにソビエトや中国のように失敗した実例があることから分かるように、そう簡単にはいかない」

みう「ふにゃ」

ばらまきマン「はっはー、そこでベーシックインカムなんだ。最低賃金を引き上げる代わりにベーシックインカムで国民の所得を引き上げれば国民生活を豊かにする点では同じことだ。その一方で企業のコストが上昇することはないので、雇用は今までと同じように維持される。企業にとって賃金を上げるのはリスクだが、自らは賃金を上げることなく国民の購買力が上昇するなら売り上げを伸ばすチャンスなので歓迎するだろう。

また、所得がベーシックインカムで上積みされるのだから、賃金のそれほど高くない企業に就職する人も増えると思われるので、失業率が低下する可能性もある。もちろん賃金が低いままだと困るが、ベーシックインカムで消費が拡大して需要が増えると、労働需要が増えて循環するおカネの量も増えるから賃金も同時に上昇するはずだ。

このように最低賃金を法律で引き上げるよりも、ベーシックインカムとして国民におカネを給付したほうがスマートに問題を解決できるんだよ。労働組合による賃上げ運動も大切だけど、変化しつつある時代にあわせて労働運動の手法も再検討が必要になっていると思うんだ」

みう「人工知能とロボットの時代には、賃上げだけが人々の生活を豊かにする方法じゃないって事なのです。私におカネをくれればそれでいいのです」

ブラック企業を潰しても過労死は減らない

みう「そういえば最近は過労死の問題が世間で騒がれているのです。ブラック企業は悪い企業だから叩かれて当然なのです。それにしても、次から次へとブラック企業が明らかにされるので、いい加減に嫌気が差しているのです。なんで世の中は悪い企業ばかりなのですか」

ばらまきマン「確かに労働者に対して低賃金で長時間の労働を強いるブラック企業は許されない存在だし、そういう企業が多いことにも呆れてしまう。しかし必ずしも企業にすべて責任があるとは言えない。**なぜこんなにブラック企業が多いかと言えば、ブラックな企業でなければ生き残れないという経済環境、つまりデフレ不況に根本的な原因があるんだ。**それが証拠に、バブル崩壊前の好景気の日本にはブラック企業なんてなかった。失われた20年のデフレ不況がブラック企業を生み出してきたんだよ」

みう「デフレ不況がブラック企業を生み出してきたのですか、悪い経営者が増えたからじゃないのですか」

ばらまきマン「景気が悪くなると商品は売れなくなってしまう。商品が売れなければ販売価格を下げざるを得ない。デフレ不況になると低価格競争が始まってしまうわけだ。販売価格を下げるために企業は従業員に支払う賃金を切り詰め、従業員に長時間労働させようとする。より低賃金でより長時間な労働ほど価格を安くすることができる。つまりブラックな企業ほど価格競争力で有利になるんだ。

一方、不況になると失業者がどんどん増えるから、世の中は失業者で溢れる。失業者は失業したままだと所得が何もないため飢えて死んでしまうから、たとえブラックな労働環境だとわかっていても、生きるためにブラック企業に就職するしかない。だからブラックな労働環境でもどんどん従業員を採用できる。もし不況の只中にホワイト企業（賃金が高く残業もほとんどない）が登場してきても、そうした企業は人件費が高いために低価格競争で負けて市場淘汰される。これがブラック企業の増える仕組みだ」

みう「それなら法律でブラック企業をどんどん取り締まればいいのです。厳しくするのです。長時間労働をさせたら社長が死刑なのです。死刑」

労働宣教師「まあ、とんでもないざます。長時間労働して何が悪いざますか。テレビ番組で血反吐を吐きながら無報酬で長時間労働をやって商品を開発する技術者の姿を見たことが無いのですか。あれこそが素晴らしい、感動的な場面なのです。長時間労働を禁止してしまえば、努力と根性で優れた商品を開発する人が居なくなってしまいます。

それに長時間働いて、より多くの賃金を得たいと思うのは悪いことなのですか。他人の労働の権利を奪う気ざますか。少しでも長く頑張って労働しておカネを稼ぎ、家族に良い暮らしをさせたいと思う人の気持ちを考えるざます」

みう「意味不明なのです、大企業でも過労死してる人がいっぱい居るのです。裁判も起きているのです。こんな死神みたいな女の話なんか聞きたくないのです。あっちへ行くのです」

労働宣教師「なんですって、やる気ざますか」

ばらまきマン「はっはー（触らぬ神にたたりなしだ）、まあまあ、仮に労働法規を厳しくしたところでブラック企業は無くならないよ。労働者のなかには企業や経営者を悪者と決め付けて攻撃する人たちが居るけれど、それじゃあ問題は解決しない。なぜか。**デフレ不況のためにモノが売れない環境にあると、低賃金・長時間労働で商品を安く作らないと会社が潰れてしまう。だからブラックだとわかっていても止められないんだ。**根は善良な経営者でもデフレな経済環境に放り込まれると、会社を守るために悪魔のようになってしまう危険性もある。だからブラック企業をなくすには経済環境を改善して、モノがどんどん売れる状況を作り出すことが大切なんだ。企業や経営者を悪者にして攻撃すれば敵を作るだけだし、労使の対立を煽るだけだから、それよりも社会のシステムを変えてしまうほうが平和的に解決できる。

そこでベーシックインカムだ。国民の購買力を直接に引き上げて、モノが売れる経済環境を作り出すことができる。商品がどんどん売れて景気が良くなると人手が不足するようになり、ブラックな労働環境の企業には人が集まらなくなる。人手が確保できなければブラック企業は活動ができないから倒産するしかなくなる。こうして景気が良くなるとブラック企業は自然に消えてなくなるため、労働法規を強化して企業をしばきあげる必要はない。

また、ベーシックインカムは働きたい人の労働を阻害するものじゃない。何時間でも働きたい人は

働けば良いし、それによってより多くの賃金を得ようとすることは何も問題ない。血反吐を吐いて画期的な商品を開発したいと思えば誰もそれを止める必要はない。それこそ自由だ。

ではなぜ長時間労働が問題になるのか？　それは『働かなければ1円の所得も得られない経済システム』だからだ。もし労働環境があまりに酷いのであれば、無理して働くのではなく会社を辞めるべきだ。しかし今の経済システムは『働かなければ1円の所得も得られない経済システム』になっているため、辞めるに辞められない。とりわけデフレ不況で人手が余った状況であれば、会社を辞めたところで再就職できる保証はないからね。働き続けても地獄、辞めても地獄なんだ。

もしベーシックインカムによって生活が保障されていれば、労働するかしないかを含めて、職業選択の自由は極めて大きくなる。**生活を人質に取られてやりたくない仕事を事実上強制されることはなく、自分の希望だけで自由に仕事を選ぶことができる。**低賃金であろうと無報酬であろうと、長時間労働であろうと危険な仕事であろうと、やりたければやれば良い、やりたくなければやる必要はない。**これこそが本当の『働き方改革』なんだよ。**

もちろん、ベーシックインカムによる働き方改革は給付額が小額のうちは完全には機能しない。とはいえ『労働に対して自由な立場で生きられる』社会は人類の目指すべき方向だし、それは人工知能やロボットが人間の代わりに労働を担う時代になれば、必然的に実現されることなんだよ。だからそ

うした社会を目指して小額ベーシックインカムからスタートすることは合理的だと思う」

みう「そうなのです、おカネを配ればいいのです。仕事に縛られない生活が実現すれば、ブラックな仕事を事実上強制されることはなくなるから、労働法規を強化する必要はないのです。長時間労働したい人はすればいいのです。労働したい人の権利は妨げないのです」

労働宣教師「ぐぬぬ、それでも働かずにおカネを貰うなど許せないざます。社会がダメになるに決まってます」

ばらまきマン「人々におカネを配ると社会がダメになると考えている人は世の中に大勢いるけど、ベーシックインカムに対して具体的にどんな反対意見があるかを考えてみよう」

(2) おカネを配ると社会がダメになるは本当か

社会保障制度が打ち切られてしまう？

労働宣教師「ベーシックインカム制度を導入すると、公的年金、生活保護、失業手当などの社会保障制度が打ち切られてしまうざます。ベーシックインカムと称してわずかなおカネを貰ったとしても、年金や生活保護が廃止されてしまえば生活は苦しくなります。しかも今まで積み上げてきた社会保障制度を破壊することになるので、社会が大混乱するに決まっています。現実的じゃないざます」

ばらまきマン「はっはー、驚いたことにインターネットの反応を見ると、ベーシックインカムで僅かばかりのおカネが給付される代わりに、公的年金、生活保護、失業手当がいきなり廃止されると思い込んでいる人が大勢いるようだ。しかしそんな事をすれば社会が滅茶苦茶になってしまう事は誰にでもわかるから、あり得ない話だ。でたらめなデマ（作り話）がいつの間にか広がっているようだ。

ベーシックインカムの給付金額が生活を十分に保障するだけの金額、例えば毎月15万円を超えるようなレベルになれば、公的年金、生活保護、失業手当などの社会保障制度が不要になるだろう。そうなれば、それらの制度は廃止される可能性もある。しかし毎月1～2万円の小額ベーシックインカムを始めただけで、それらの社会保障が突然にすべて打ち切られるなどあり得ない。あくまでも人々の生活が既存の社会保障に頼る必要のない状態になって初めて既存の社会保障制度は廃止される。だから『わずかなおカネを貰っただけで年金も生活保護もなくなってしまう』と心配をすることはないんだ。

また、小額ベーシックインカムからスタートすれば社会保障制度を大きく変更する必要もない。仮に現行の社会保障制度を縮小する場合でも、ベーシックインカムによる支給金額を徐々に増やしつつ、年金や生活保護などの支給金額を徐々に減らしていけば良いだけだから、社会に混乱をもたらす心配はない。そうすればこれまで積み上げてきた社会保障制度は生かされる。また社会保障をベーシックインカムに切り替えるにつれて、受給者の受け取るおカネの総額が減るという心配もない。人工知能やロボットが進化するにつれて社会の生産性が飛躍的に高まるわけだから、社会保障給付の縮小額よりもベーシックインカムの給付増額が大きくなり、総額としての給付額はむしろ増加する。

根本的に勘違いしている人が多いけど、ベーシックインカムは社会保障制度を打ち切る目的で導入されるわけじゃない。機械化による生産性の向上に伴う技術的失業の増加に対応するために、また無味乾燥な労働から人々を自由にするために実施するんだ。ではなぜ社会保障制度と統合されるかと言えば、それはベーシックインカム制度によって豊かで平等な社会が実現すれば、社会保障が必要なくなるからだ。**つまり社会保障制度が不要な社会になった時に、結果として社会保障制度が廃止される。**だからおカネが給付されるようになっただけで社会保障はなくならないし、そもそも無くしてはいけない。

ただし前にも触れたように、ベーシックインカムを導入する目的は立場によって様々なので、中には社会保障を廃止したいがために、ベーシックインカムの導入を推し進めようと考えている人々もいるはずだ。こうした連中がベーシックインカム制度運用の主導権を握ってしまうと、多くの人が懸念している事態が生じる恐れもある点には十分な注意が必要だろう」

労働宣教師「ベーシックインカムが導入されると、健康保険（国民健康保険・社会保険）が廃止されるざます。そうなれば１００％自己負担になって医療費はとんでもない高額に跳ね上がるのです。おカネが支給されても多額の医療費が引かれるから生活は厳しくなるし、公的医療保険がなくなれば自前で医療保険に加入して高い保険料を払うハメになるざます」

ばらまきマン「はっはー、どういうわけかベーシックインカムを導入すると健康保険が廃止されるというデマが流れているようだが、そもそもベーシックインカムと健康保険はまったく関係がない。ベーシックインカムはあくまでも『生活費の保障』なのであって、普通に生活するための所得を支給することが目的となる。これには医療費は含まれない。なぜなら医療費の必要性は人によって大きく違うからだ。若いうちは健康だから医療費はほとんど掛からないが、加齢に伴って医療費が必要になる。しかも個人差が大きい。こうした医療費を一律に国民に給付しても効率的ではないから、医療費をベーシックインカムに含めることは最初から考えるべきじゃないんだ。

従ってベーシックインカムによる生活給付金と医療給付金は別々に存在しなければならない。生活給付金は一律だが、医療給付金は必要に応じて支給されるわけ。その意味で健康保険としてのシステムはそのまま維持される。但し保険料は将来的にベーシックインカムに含まれるようになると考えることが出来るので、結果的に保険料を払うことなく医療保障を受けることができるようになると考えられる。もちろん今すぐじゃなく、徐々にそういう社会になるはずだ」

働く人が減って経済が衰退する？

労働宣教師「タダでおカネを配ったら誰も働かなくなってしまうざます。そうなったら工場が動かなくなって、お店に店員さんがいなくなって、電車もバスも動かなくなって、社会が大混乱になるのです。

生産量が減って日本の経済が衰退してしまうざます」

ばらまきマン「はっはー（話が極端だな）、そういう心配はない。前にも説明したけど、いきなり毎月10万円給付のような満額ベーシックインカムをスタートするとそうなるかも知れない。しかし毎月1万円の給付金額からスタートすれば、毎月1万円や2万円のおカネで働かなくなる人などいないだろう。それどころか、国民の購買力が増えるから消費が増え、工場やお店の生産活動が刺激されて忙しくなるはずだ。そうすれば企業の求人が増えて、それまで働いていなかった人も働くようになる可能性だってある」

労働宣教師「しかし給付金額を徐々に増やしていけば、やがて働かなくても生活できる人が増えるから、いずれ働く人が減り始めるはずざます。そうなったら日本経済が衰退を始めるざます」

ばらまきマン「いずれ働く人が減り始めるのは間違いないだろう。しかしテクノロジーの進化によって生産性が格段に向上すれば働く人が減っても問題ない。生産性は時間とともに徐々に向上するから、ベーシックインカムもそれに合わせて徐々に増額すれば良いことになる。もちろん世の中の動きを見ながら慎重に増額する。給付額が1〜2万円程度の時期は心配ないが、給付額が10万円に近づくにつれ、慎重に判断したほうがよいかも知れない。実際にどの程度の影響があるかは、やってみなければわからない。

仮に生産性の向上よりも先走ってベーシックインカムの金額を増額した場合は、働く人がやや多く減ってしまうから、生産量が減り、供給が不足してインフレになるだろう。インフレになれば例えば月額10万円だけでは生活が苦しくなるから、仕事を辞めた人が再び働き始める可能性がある。つまり市場のメカニズムによって就労人口が自動的に調整されると考えられる。それでもインフレが激しい場合は一時的に給付額の伸びを止めてしまう、あるいは給付額を減らすことで対処できる。やがて機械がさらに進化して生産性が高まればインフレは解消へ向かう。以上を簡単に言えば、働く人が減ってもそのぶんだけ人工知能やロボットが生産するから経済が衰退する心配はない、ということだ」

介護職を担う人がいなくなる？

労働宣教師「働かなくても生活できるようになったら、誰もキツイ仕事をしなくなってしまうざます。例えば介護職のような肉体的・精神的に厳しい仕事は成り手がいなくなり、介護制度が根本から崩壊してしまうざます」

ばらまきマン「はっはー、そう考える人も多いけど、冷静によく考えれば間違いであることがわかるよ。ところで、社会福祉に携わる労働者の賃金水準が低いことは良く知られている。基本的な月額賃金（平均）を比較すると、産業全体ではおよそ32万円、サービス業全体ではおよそ28万円であるのに対して、社会福祉・介護事業ではおよそ24万円であるという（厚生労働省「平成23年賃金構造基本統計調査」）。そもそも社会福祉職や介護職は社会にとって必要な仕事であり、しかも重労働で厳しい仕事なのだから、賃金は他の職種に比べて最も高い水準であるべきだよ。金融街でカネを転がしている連中より大切な仕事をしているんだからね。ではなぜそうした介護職の賃金が低いままのか。それはデフレ不況のために人手が余った状態にあること、そして働かなければ1円の所得も得られないという現代経済の仕組みに原因がある。

介護職は厳しい仕事だから、好んで介護職を希望する人は少ない。だから普通であれば成り手が少ない介護職のような仕事は賃金が高くなるはずだ。ところがデフレ不況になると失業者が増えて人手が余った状態になる。働かなければ1円の所得も得られない社会だから、失業中の人はどんなに賃金が安くて厳しい仕事であっても働かざるを得ない。自分の意思とは無関係に、半ば強制的に介護で働かざるを得ない状況に追い込まれるわけだ（もちろん、介護に携わるすべての人がそうではないが）。このような『デフレ＋事実上強制労働』によってデフレ時代の介護職員が供給されてきたといえる。介護福祉職のブラック化だ。こうして本来は介護職を希望しない人々まで介護で働かせる状況にあるため、介護の質の低下や介護現場での暴力が生じてしまうことも懸念される。

こうした状況で景気が回復してきたらどのような事態が生じるだろうか。景気が回復すれば人手が不足してくるから、介護職のような低賃金でキツイ仕事には人が集まらなくなる。そして介護職を辞める人がどんどん増えるだろう。介護業界の隠語として『男性の寿退社』があるという。これは重労働で低賃金の介護職員がもっと待遇の良い業界へ転職してゆくことを指して使われる。こんな状況では、ベーシックインカムを実施しようがしまいが、景気が良くなれば介護職を担う人は待遇の良い他の業界へ次々に転職して、しまいに誰も居なくなってしまう。**つまり根本的に現在の介護職の供給体制は間違っている。**

介護制度を正しく維持するためには、介護にもっとおカネが流れるようにする必要がある。それには介護報酬を引き上げる、あるいは介護対象となる高齢者に十分な金額の介護給付金を支給する必要がある。そうすれば介護職員の賃金が重労働に見合うだけ引きあがるはずだから、高い所得を求めて介護職を希望する人が増えるはずだ。市場の仕組みから言えば、正しくはこのようにして介護職の供給を増やす必要があるんだ」

労働宣教師「介護報酬を引き上げたり、介護給付金を支給するような財源はないざます。これからますます高齢化が進むというのに、そんな非現実的な話は実行できないのです」

ばらまきマン「はっはー（相変わらず石頭だな）、何回も説明しているように財源が足りないなら通貨を発行すれば良いだけだ。だから当初は財源の心配をする必要はまったくない。とはいえ介護職員の短期的な供給不足は賃金の引き上げで対応できるものの、通貨発行だけで対応すれば長期的には高齢化の進展に伴って、いずれ介護・社会福祉サービスの供給力が不足してインフレになってしまう。そこで重要になるのが介護装置や介護ロボットの開発だ。つまり介護の生産性を向上させる必要がある。

まさに人工知能とロボットが飛躍的な進化を遂げていることが、介護の問題を解決する切り札になる。こうして①介護労働に対する報酬を増やすこと②介護ロボットの研究開発を進めること、これらを同時に進めることで、短期的、長期的に持続可能な介護体制を確立することができるはずだ」

働いている人が損をする？

労働宣教師「ベーシックインカムを実施すれば膨大な財源が必要になるざます。そうなれば大規模な増税が行われて、働いている人たちの所得が減ってしまいます。働かない怠け者を養うために、働いている者が逆に貧乏になる制度など賛成できません。あなたはおカネを刷れば増税しなくて良いと主張しますけど、結局は増税で損するに決まっているざます」

ばらまきマン「はっはー、かなり感情的になっているようだね。これはツイッターでもよく見かける意見だ。**何度も説明しているように、小額の支給額から始めて徐々に増やす方法を取れば、増税はかなり先まで検討する必要はない。**まずは通貨を発行して国民に給付することでおカネの循環を促進し、税収を自然に増加させることが大切だ。そうすれば増税は最小限に抑えられる。仮に増税する場合でも当然ながら再分配するのだから高額所得者や資産家ほど負担は大きくなる。働いている人（労働者）の大部分は税金で払うよりもベーシックインカムで受け取る金額が大きくなる。だから一般の人が損する心配はまったくない。

損するか損しないかを、単純におカネだけで考えると頭が混乱してしまうかも知れない。しかし経済の本質である『生産と分配』から考えれば一目瞭然だよ。より多く生産できれば、必然的に国民への分配量は多くなる。だからテクノロジーの進化によって社会全体で生産できる財（モノやサービス）の量が増えればだれも損を心配する必要はないんだ。もし損する人が生じるとすれば分配に原因ある。仮に現在の生産量が社会全体で１００だったとして、これが２００に増えたとしよう。つまり１００増加した。増加した１００を労働者と労働しない人で分け合えば、誰も損しない。これがベーシックインカムだ。

ところが、おカネで考えるとややこしくなる。今の世の中は労働しなければ1円の所得も得られない仕組みだから、どれほど社会の生産量が増加しても働かない人は1円も得られず、生産された財はまったく分配されない。もちろん、すべての人が労働に参画できるなら、すべての人に所得を与えることは可能だ。**しかし人工知能やロボットが進化すれば、いずれ大勢の人が仕事を失うことになる。無理に仕事を作り出そうとすれば、低賃金・長時間労働のブラック労働が大量に発生する恐れがある。こうした事態を未然に防ぐ意味において、ベーシックインカムを徐々に社会に浸透させる必要があるんだ。そしてすべての人におカネを支給すれば、科学技術の進歩がもたらす富をすべての人に分配することができるんだ**」

労働宣教師「それでも働いている人は、働かない怠け者を養うために働いていることになるざます。もし生産量が100増えたのであれば、それは働いている人だけで分配するのが当然ざます。どうして働いていない人にも分配しなきゃならないのですか。道徳的に問題があるざます」

みう「う〜ん、そう言われてみるとそんな気もするのです。働いている人が何か損しているように聞こえるのです。でも働いている人も欲が深すぎる気がするのです。そこまで生産された財を独占する必要があるのかな」

ばらまきマン「『生産量が100増えたなら、働いている人だけでその100を分配すべき』との考えは、『労働がすべての富を生み出している』とする共産主義の古典的な価値観（労働価値説）に基づいている。労働が関与して富が生み出されていることは確かだが、今日そのウェイトは極めて低くなっている。**実際には富の大部分は人間の労働ではなく『機械』によって生み出されているからだ。**例えば布地の生産を考えてみよう。産業革命以前の布地の生産はすべて手作業だった。はた織機のような道具を使っていたが、基本的には人間が働くことで布地を生産していた。これはまさに労働が富を生み出していると言える。ところが今日の布地はほとんど機械によって生産されている。労働が関係しているのはごく一部に過ぎず、ほぼ機械がすべての富を生み出していると考えて間違いない。下手をするとボタン一つ押すだけの労働で、あとは機械が全自動で富を作り出す。それでも労働がすべての富を生み出していると言えるのか。だから生産量が100増えたからといって、その100が労働者の労働の成果であるとは言えない。技術革新の成果だ。

また、技術革新はそれを成した個人や企業だけの成果ではない。過去の人類が生み出した様々な技術や学問の大いなる遺産の上に成り立っている。また多くの人々によって支えられている社会システム、教育システム、インフラがなければ技術革新は成しえない。だからテクノロジーの進歩によって生産量が１００増えた際に、１００の生産物を企業や働いている者だけにすべて受け取る権利があるとの主張は根拠がないのだ。ではなぜ事実上、増えた生産物を働いている者がこれまで独占してきたかと言えば『働かなければ1円の所得も得られない』という現代社会のルールがあったからに過ぎない。そのルールのおかげで働いている者だけが機械化による生産性向上の恩恵にあずかることができた。ではなぜそのようなルールなのか？　それは世の中のルール（契約）を単にそう決めているからに過ぎない。自然権（人間本来の権利）でもなんでもない」

みう「うぎゃああ、また話が難しくなってきたのです。私の頭を破壊する気ですか」

ばらまきマン「はっはー（これはまずい、また爆発されたらかなわん）、いやいや、とにかく働いている者だけが生産性向上の恩恵を受けるのはおかしいだろうという話だ。**生産性の向上は労働者だけの成果じゃなくて社会システムの成果でもある。それに、もし人工知能やロボットがこのまま進化して失業者が増えた時に、その失業者たちに向かって『増えた分の生産物はオレたち働いている者だけで独占するのは当然だ』と言えるのか。**あるいは自分が失業してしまった時に、そう言って納得できるのか。なぜそこまでして富を独占したがるのかオレにはわからない。仕事でつらい目にあっている人が、働いていない人に1円も渡したくない気持ちになるのは分かるが、そもそも、おカネのためにつらい仕事を無理して続けなければならないこと、そのものが、本来はおかしな話なんだよ」

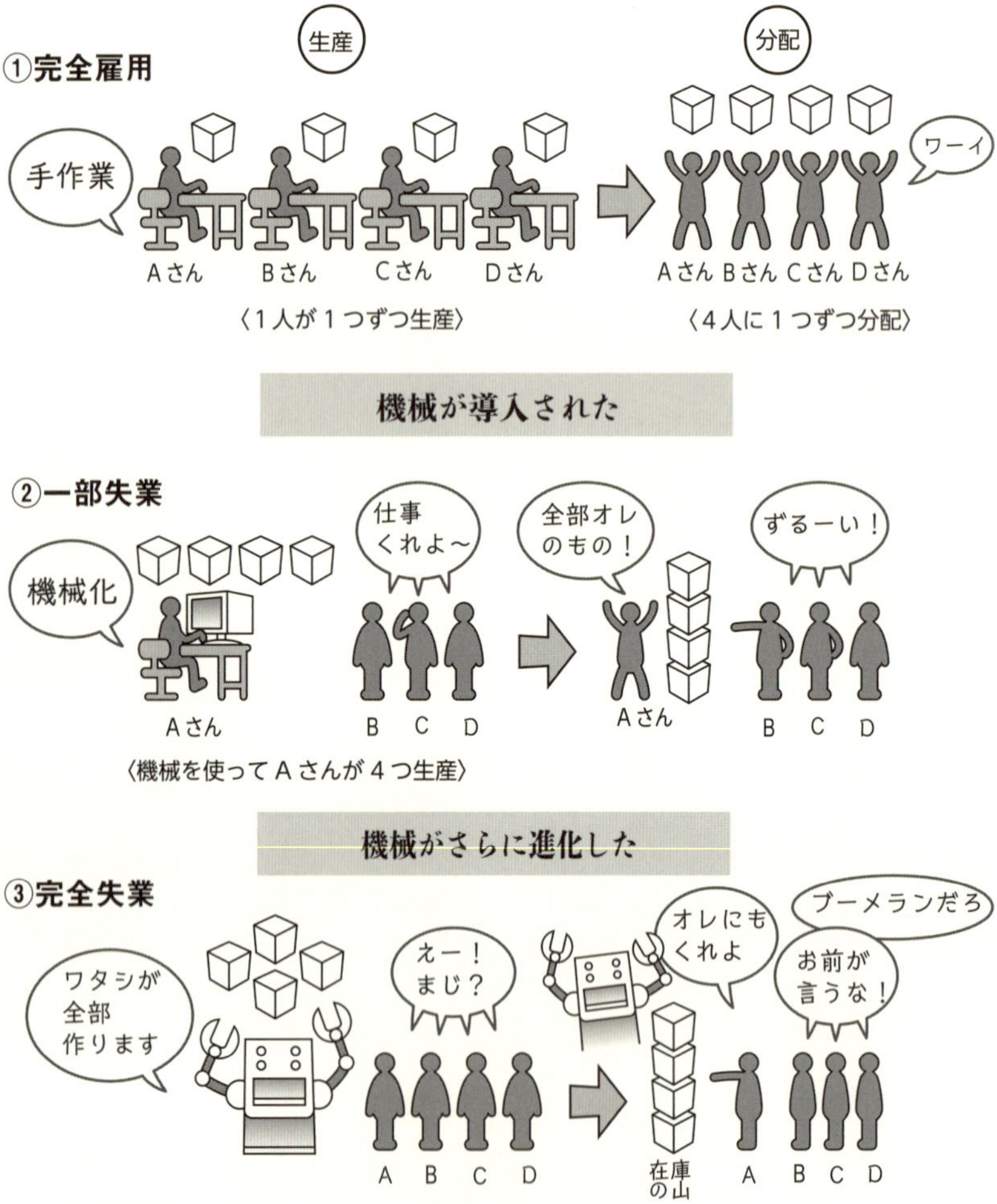

※人間ではなく、本質的には機械が富を作っている

労働宣教師「それでも労働していない人間におカネは渡さないざます」

ばらまきマン「はっはー（ほんとにわからんヤツだなもう）、そこまで言うなら技術的な失業者を出さないようにするため、企業にすべての人々を雇用する義務を課す方法もあるよ。一般的には『ワークシェアリング』と呼ばれる方法だ。とにかく国民全員に会社に就職して働いてもらう。と言っても、将来的には人工知能とロボットが大部分の仕事をしてしまうから、天才や秀才以外の社員はする仕事がない。出勤したらタイムカードを押し、退勤時にタイムカードを押すのが仕事だ。あとは窓際でぶらぶらぶらしている。それで満額の給料をもらうわけ。妙な気がするけど、仕事が無いのに全員が就職するとなればそうなってしまう。

その社員への給料を誰が払うのか？　企業にとって仕事も無いのに社員を押し付けられてはたまらないし、その上、仕事も無いのに給料を払うなんて出来ないと騒ぎになるはずだ。だから結局は政府が給料を支給しなければならなくなる。それってベーシックインカムと何が違うのか。**誰でもわかるように、仕事もないのに無理に労働する必要はないんだ。**なのに、なぜすべての人を労働させようとするかと言えば世の中が『労働しなければ1円の所得も得られない仕組み』だからなんだよ」

技術的失業は50～100年後の話？

労働宣教師「人工知能やロボットが進化した未来の話は50年も100年も後の話ざます。そんな未来の心配をして今から社会を変革する必要はありません。技術的失業とやらも、実際に問題が発生してから騒げばいいのです。今から対応する必要はないざます」

ばらまきマン「はっはー、技術的失業問題は人工知能やロボットだけがもたらすわけじゃない。技術的失業は生産性が向上することによって引き起こされる現象だから、産業革命の頃からすでに始まり、これまでもずっと続いてきた流れなんだ。それが今まで大きな問題とならなかった理由は、生産性が向上すると同時に自動車やらテレビやら電話やら次々に新たな財（モノやサービス）が発明されて新たな需要が生まれ、新たな産業が増えてきたからだ。新たに発明された財を生産する産業に、失業した人たちが吸収されたことで、これまでは失業者が溢れずに済んだ。

ところが時代が現代に近づくにつれ、新しく生まれる産業で失業者を吸収することが次第に難しくなってきた。新しい財が発明されなくなったわけじゃない。それよりも生産技術や生産性の方が遥かに速い速度で増加するようになったからだよ。例えば20世紀には生産に熟練労働者（高いスキルの人）が必要とされる商品は先進国でしか生産できなかったが、近年、技術革新によって生産機械が作られるようになると、途上国の非熟練労働者でも簡単に高度な商品が生産できるようになった。その結果、多くの商品を途上国で生産するようになり、世界の生産量は爆発的に増加した。さらに人工知能やロボットが登場すれば、生産能力の増加率はますます高くなると予想できる。そうなると、新たな財を発明するより遥かに速い速度で技術的失業が増加する可能性があるんだ。

しかも技術が進化するにつれて生産に人手を必要としなくなったため、仮に新たな産業が生まれたとしても、以前のように大量の雇用を生み出せなくなった。例えば新しい商品が発明されてそれを生産する工場を建設するとしよう。昔なら工場を建設すればそこで働く大勢の人の雇用が生まれた。しかし現代では操業に人手を必要としない無人工場を建設する場合もある。この場合は工場を建設しても雇用はまったく生まれない。そのため、もし新たな産業ですべての失業者を吸収しようとすれば、以前にも増して、さらに多くの新たな産業を作り出さなければならない。そんなことは可能なのか？

つまり、技術的失業が50～１００年後の話だとの考えは前世紀の常識なんだ。**今日、技術や生産性の向上の速度は前世紀とは比較にならないほど速い。加速度的に向上しているんだ。**生産性や性能が加速度的（指数関数的）に進化するとの考えを「収穫加速の法則」という。これは多くの事例で観察できる。最も卑近な例ではムーアの法則と呼ばれる、コンピューターの性能が加速度的に進化してきた事例がある。性能だけでなく価格も指数関数的に低下する傾向があり、携帯電話、太陽電池、バッテリーなどの生産コストは急速に減少した。これは生産設備（つまり機械）がどんどん投入されることで実現されるから、これも機械化による生産性の飛躍的な向上を証明している。技術的失業問題は、もはや10〜20年後の話なんだ」

労働宣教師「そうはいっても、技術的失業はまだ大騒ぎになっていないざます。どこにそんな問題が発生しているのですか。問題が本格化するまで放置しておけば良いのです。気が早すぎる、先走りざます」

ばらまきマン「はっはー、**こうした問題は10年後に突然表面化するのではなく、すでにじわじわと始まっていると考える方が自然だ。**つまり世界的に労働者の賃金が増えないといった今日の社会現象の背景に、すでに技術的失業問題の影響があると考えて不思議はないはずだ。すでに説明したように、機械化によって失業した人々の大部分は第三次産業、とりわけ労働集約的な（マンパワー頼みの）産業に就職することになるが、こうした労働集約的な産業は生産性が低いために賃金は低く抑えられる。結果として科学技術が進化するほど大部分の人々の賃金が低下してしまう。賃金が低下すれば購買力も低下するから、消費が低迷し、物価はデフレになり、景気は悪くなる。こうした影響が今日でも少なからずあるはずだ。だから技術的失業問題は決して10年後の話ではない。いままさに直面しつつある問題だと認識すべきだよ。**巷に溢れる失業者を目前に突きつけられなければ問題を認識できないようでは、世の中をより良く導いてゆくことはできないよ**」

人間が堕落して進歩しなくなる？

労働宣教師「働かずに生活できるようになれば、世の中にナマケモノが増えるざます。若者が怠惰になるざます。社会に退廃的な空気が蔓延して人間が進歩しなくなります。働かなければ人間がダメになる。これは人類に危機をもたらすに違いないざます」

ばらまきマン「はっはー、ベーシックインカムの所得だけで生活できるようになれば、確かに働かない人は増えるかも知れない。しかしそれによって科学や文化の進歩が停滞するとは限らない。**むしろ活発化して人類の進歩の速度が加速することも十分に考えられる。**

人類の進歩は必ずしも労働がもたらしてきたわけじゃない。今日における労働の大部分は生活を支えるための生産活動だ。畑で農作業したり、工場で組み立て作業したり、お店でお客様を接客したり、生活の糧を得るために行われている反復行動・単純労働だよ。こうした日々の労働から科学や文化は生まれてこないよね。もっと創造的な活動が必要だ。毎日の労働から解放されて、創造的な活動に専念できる環境があれば科学や文化は進化すると考えられる。そもそも科学や文化は日々の単純な生産活動とは程遠いんだ。世の中の何の役に立つのかわからない自然現象を何年も観察・研究してみたり、あるいはワケのわからない前衛的な絵画や彫刻をどんどん制作したり、そういう活動はほとんど生活の役に立たない。こうした活動は日の目を見ることなく当事者が死んでしまい、人々から忘れ去れてしまう場合も多いはずだ。ある意味ではムダだよね。しかしこうしたムダの積み重ねのなかから、偶然や幸運によってとんでもない大発見や大発明が生まれてくることがある。それが人類の科学や文化を飛躍させ、生産活動に大革命をもたらすことだってある。こうしたことは生活のための労働からは生まれてこない。

もちろん、創造的な活動が企業や大学の研究所で『仕事として』賃金を得ながら行われる場合もあるけど、それは常に結果を求められている。結果が出なければ研究費は付かないし、解雇されてしまう可能性もある。だから自分の興味本位だけで自由に活動できるわけじゃない。また研究開発や文化芸術に専念できる就職先はとても数が少ない。生活の糧を得るために働かざるを得ないため、仮に研究や文化芸術に打ち込みたいと願う若者が大勢いても本格的に取り組める人は少ない。ノーベル賞を受賞した日本の科学者が日本の学問研究の未来に危機感を表明しているけど、それは研究の裾野が広がらないからだ。新たな発見や発明は偶然に生まれることが多いという。効率ではなく確率の問題なんだ。だから研究者の人数が多ければ多いほど、画期的な発見や発明が生まれる確率は高くなる。

もしベーシックインカムによって人々が生活のための労働から解放されれば、日本の研究者は間違いなく増えるはずだ。研究にはカネが掛かると思うかも知れないが、論文だけでも十分に研究はできる。極端な例では数学や理論物理学は紙と鉛筆があれば研究できてしまう。たとえ実験が必要な場合でも闇雲に実験するわけではなく、様々な仮説や実験のアイディアなどが吟味された上で予算を投じて実験が行われるのであって、実験の前段階における論文研究、考察が活発になることは大切だ。**研究費を投じて実験ができるのはごく一部の頂点の人たちだけだが、研究者の裾野が広がれば、その頂点は高くなる**」

みう「科学や文化の活動に参加する人が増えれば増えるほど、科学や文化は発展するはずなのです。そのためには、生活の心配をすることなく思い切って一つのことに打ち込めるような環境が必要なのです。私も生活に煩わされずにイラストの勉強をしたいのです」

ばらまきマン「過去の歴史においても、労働しない人が増えるにつれて人類の学問や芸術が発展してきた。太古の昔、人間がまだ狩猟生活を送っていた時代は、食べ物を確保するために一日中、野山を走り回っていたはずだ。そんな時代では学問や芸術はあまり発達しない。農耕が発明されて生活が安定し、時間にゆとりが生まれるにつれて徐々に学問や芸術が生まれてきたと考えることができる。また古代ギリシャには奴隷制があって、多くの市民が労働を奴隷に任せて仕事もしないでブラブラしていたらしい。それでギリシャ人が堕落したかと言えばその逆で、暇を持て余した人々が広場に集まって毎日のように議論を繰り返したおかげで、ギリシャ哲学が生まれたという話もある。この時代には学問が盛んになった。もしギリシャ人が勤勉で朝から晩まで労働活動に従事していたら、哲学や数学は生まれなかったかも知れない。

またルネッサンス時代あるいは王侯貴族の時代においても、労働しない人々の存在が学問芸術に果たした役割は大きいと考えられる。当時の王侯貴族の多くが芸術家や学者をパトロンとして支援し、同時に彼ら自身がそうした学問や芸術を教養として取入れた文化の担い手でもあったわけだ。もし王侯貴族の階層が存在せず、すべての人々が一日中労働していたら、当時の華やかな文明など生まれなかったに違いない。

人間の進歩を支えるのは労働ではなく、好奇心、探究心、創造力のようなものだよ。それらが生活のための労働に応用されることはあっても、生活のための労働によって生まれてくるものではない。仕事として与えられなくとも、生まれながら備わっている人間の本質が人間を進歩させるんだ。ベーシックインカムで怠け者が増えるどころか、むしろベーシックインカムが無いがために人生のほとんどの時間を生活のための労働に奪われ、好奇心、探究心、創造力に基づく創造的な活動を我慢しなければならないのが実情なんだ」

共産主義国と同じ考えなのか？

労働宣教師「働いても働かなくてもおカネが貰えるなら、共産主義社会と同じざます。共産主義のソビエトは働いても働かなくても給料が同じだったから、働かない人が増えて生産活動が衰えて物不足になり、お店には商品がほとんどなくなり、少ない配給に市民が行列する貧しい社会になってしまったのです。中国も共産主義を捨てて資本主義競争社会になってから、今日の大躍進を遂げたざます」

ばらまきマン「はっはー、**ベーシックインカムは共産主義とはまったく違う考え方だよ。**共産主義は働いても働かなくても同じ賃金だったかも知れないね。だからどんなに働いても賃金はそれ以上に増えない。賃金が増えないなら、それ以上に働く人が居なくなるのは当然だ。**ベーシックインカムは労働の有無に関わらず一定の所得が保障されているだけであって、それとは別に働いたら働いた分だけ賃金が得られるわけだから、働けば働くほど所得は増える。**共産主義の場合は『働いても働かなくても所得は同じ』だが、ベーシックインカムのある社会は『働かなくても所得を得られるが、働けば働きに応じてさらに多くの所得が得られる』仕組みだ。共産主義のように『働いたら負け』ということはない。ここでちょっと見方を変えてみよう。ベーシックインカムのある社会の所得構成は次のように考えることができる。

基本給……ベーシックインカム（政府から支給）
成果給……賃金（企業から支給）
所得……基本給＋成果給（つまりベーシックインカム＋賃金）

一般的に基本給は『会社に勤めて仕事をすれば貰える部分』だよね。こう言うと誤解があるかも知れないけど、ある意味では会社に勤めているだけで貰える部分だ。これがベーシックインカムの所得に該当する部分だと思えばいい。そして一般的に成果給は『働きに応じてもらえる部分』だよね。これは働いて成果を出さなければ貰えない部分だ。これがベーシックインカム以外の賃金所得だと思えばいい。**そう考えると、ベーシックインカムのある社会は、基本給部分は政府によって全国民に平等に支給され、成果給部分は企業などで働くことによって支給されると考えることができる。**共産主義の場合は基本給しかないわけ。これは比喩表現だけど、分かり易いんじゃないかな。つまり共産主義は『基本給』だけ。ベーシックインカム社会は『基本給＋成果給』なんだ。

それに、共産主義は社会のシステムが市場経済とは本質的に異なる。一方、ベーシックインカムを導入しても社会のシステムは市場経済のままだ。むしろ市場経済をより有効に利用できる制度だと考えられている。先ほども触れたように、国民に給付金を支給すれば購買力が増加し、売り上げが増加してデフレを脱却し、インフレ傾向に誘導する。これは市場システムがより効果的に機能するための条件を整えることになる。ところが共産主義は最初から市場原理を否定し、わざわざ市場原理が機能しない経済システム（計画経済）を構築したんだ。だからベーシックインカムと共産主義は基本的な考え方がまったく違う。ベーシックインカムは現在の経済システムの延長線上にあるけど、共産主義はまったく別のところにある」

みう「ちなみに共産主義国家だったソビエトが貧しくなってしまった理由は何なのですか？　みんなが働かなくなったからですか？」

ばらまきマン「働かなくなったというより、巨大な軍事力に食い潰されてしまったと考えられる。アメリカとソビエトの冷戦時代は激しい軍拡競争の時代だった。ソビエトの軍隊は非常に巨大で兵器も膨大にあった。軍隊は国民の生活のための財（モノやサービス）を何一つ生み出さないが、その一方で軍隊に関係する大勢の人は大量の財を消費する。また、多くの若い労働力が兵士として軍隊に奪われたために労働力は不足し、資源や設備は兵器装備を生産することに使われ、生産力の大部分が軍事に向けられたために国民生活を向上させる余裕はなかったと思われる。こうなると、いくら働いてもすべて軍隊に吸い取られてしまうから生活は向上しない。これじゃあ労働意欲も低下するよね。もしソビエトがアメリカとの熾烈な軍拡競争に突き進まなければ、資本主義ほど物質的に成功しなかったにせよ、経済が崩壊するような事態は避けられたかもしれない。これは推測だけどね」

ナウル共和国の失敗事例

労働宣教師「ベーシックインカムの失敗事例もあるざます。ナウル共和国という南太平洋の国ざます。この国は国民におカネを配る政策を行って、１９８０年ごろには一時的に豊かな国になったけど、おカネを配り続けることができなくなり、今は見る影もなくなってしまったのです。おカネを配ってもダメざます」

ばらまきマン「はっはー、それはナウル共和国のやり方が根本的にダメだったからだよ。ベーシックインカムをネットで検索すると『ナウル共和国』の記事が失敗例とし出てくることがある。いわく「働かずに豊かな生活は長続きしない」という話だ。さて、ナウル共和国は太平洋南西部に浮かぶ珊瑚礁のナウル島にある共和国で、イギリス連邦に加盟している（元イギリスの植民地）。国土面積は21㎢、人口は約1万人のとても小さな国だ。植民地時代だった１８８９年にナウル島でリン鉱石が発見された。リン鉱石とは長年に渡って地面に堆積した海鳥の糞が変化して生成される鉱物で、化学肥料の原料等に利用される資源だよ。ナウルにはこのリン鉱石が膨大にあった。ナウルは１９６８年に独立して、ナウル政府はこのリン鉱石を大量に採掘して海外へ輸出し、それにより莫大な外貨を獲得したんだ。この外貨の半分を政府の予算とし、残りの半分を国民に分配したらしい。その金額がとても大きかったことから、人々は働かなくとも十分に生活することができたので、それがベーシックインカムと呼ばれるわけだよ。

１９８０年初頭のナウルの国民1人あたりGDPは2万ドルに達し、当時の日本の二倍近くもあった。そのためナウルでは人々がほとんど働かなくなった。働くのが好きな人なんて、本来はいないからね。働かないで消費するわけだけど、消費財の供給はどうするか？　リン鉱石を輸出して稼いだ外貨で外国から輸入するわけ。そんなことがいつまでも続かないことは誰にでも分かるよね、リン鉱石が枯渇してしまえばおしまいだから。そこでナウル政府は外国の不動産、株式などに投資し『金融によって国を支えよう』としたらしいけど、運用に失敗してしまう。そうこうするうち２０００年頃ついにリン鉱石が枯渇。外貨を得られなくなったナウル政府の財政は破綻、国民への分配も停止し、海外からの援助と漁業等の自給自足によって生活をつなぐ貧困な社会へ戻ってしまった。このナウルでの事例を『働かずに豊かな生活は長続きしない』という寓話として考える人が多い」

労働宣教師「それ見たことか、働かずに生活しようなんて考えるから経済がダメになったざます。働かない社会は長続きできないざますよ」

ばらまきマン「それはちょっと話が単純すぎるよ。今日検討されているベーシックインカムの基礎にある経済と、ナウル共和国の給付金の基礎にある経済はまったく異なる。ナウルの場合の『働かずに生活すること』は、リン鉱石の輸出という『財（モノやサービス）の生産活動とはほとんど無関係な経済』に支えられていたんだ。だからリン鉱石が枯渇するとたちまち経済が崩壊してしまった。またナウル政府は海外の不動産や株式への投資つまりマネーゲームで働かずに生活しようと目論んだようだけど、これも失敗した。マネーゲームも財の生産活動とほとんど無関係な不労所得の経済だ。ではナウル共和国はリン鉱石資源が枯渇する前に何をすべきだったのだろうか。働くことか？　それは違うよ。働くのであれば、破綻後のナウルでも人々は労働しているけど、ちっとも豊かにならない。やたらに働けば豊かになれるわけじゃないんだ。豊かな社会にするためには「生産資本の蓄積」が重要なんだよ。生産資本（工場や生産設備）が無いところでは、いくら一生懸命に働いても生産性が低すぎるため豊かになれない。

つまり輸出資源が枯渇する前にナウル政府がすべきだったことは、国内における生産設備を充実させ、財を生み出す力を蓄えることだった。そうすれば人々が生活に必要とする財を輸入に頼るのではなく、国内で生産して人々に供給することができるようになる。すると外貨を得るためのリン鉱石の輸出を節約できるから、かなり先までリン鉱石が枯渇する心配はなかったはずだ。そしてナウル国内で調達できない資源（例えば金属や石油などの資源）だけをリン鉱石の輸出代金で輸入すれば良かったんだ。もちろん当時は人工知能もロボットも無かったから、生産設備を稼動させるために人々は働かなければならなかっただろう。その意味では人々が働くことも必要だった。しかし未来の時代であったならナウルの人々が労働する必要は無かった。先進国から完全自動生産工場を導入すれば、ナウルの人々が働かなくても、機械が自動的に消費財をどんどん作り出してくれる社会になるからね。

豊かになる上で重要なことは必ずしも『労働すること』ではない。技術を開発し、生産資本を蓄積し、生産力を強化し、財の供給を確保することだよ。働かなくても財の供給を十分に確保することが可能ならば、生活のために働く必要はない。人類はそういう未来を目指すべきなんだ」

第3章

ベーシックインカムで問題解決

ベーシックインカムを単なる社会保障だと思っているなら大間違いだよ。

ベーシックインカムのメリットはとても多いんだ。

Good！

景気が良くなってデフレなんか一発で解消。お給料だって間違いなく増えるよ。

生活が保障されているから、たとえ給料が安い仕事でも、やりたい仕事を続けられる。

クリエイターの人もお金の心配なく仕事に打ち込めるのです！

子育てだって充実する。養育費を稼ぐために、子供を預けてまで働く必要はなくなる。

子供と接する時間も増えるし、少子化対策にもなるよ。

わーい
もっと遊ぼうよ
そして何よりも社会が明るくなる！

大勢の若者がツイッターに「死にたい」なんて書き込む社会とはおさらばだ。

すごくいいのです。社会が明るくなれば気分もウキウキするのです。不安も消えて生きることが楽しくなるのです。

(1) ベーシックインカムのメリット

チャレンジングで明るい社会

ばらまきマン「はっはー、ベーシックインカムのメリットは、基本的な生活が保障されるだけに留まらない。現代社会における様々な課題を解決できる可能性を秘めているんだ。ベーシックインカムを単なる社会保障と思っているなら、それは大きな間違いだよ。人工知能やロボットが人間の代わりに労働してくれる社会に近づくわけだから、それが様々な形で社会にメリットを与えるようになることは不思議でもなんでもない。最初に挙げたいのがチャレンジングで明るい社会の実現だ」

みう「チャレンジングで明るい社会ですか。すごくいいのです。社会が明るくなれば気分もウキウキしてくるのです。不安もストレスもなくなるのです。生きることが楽しくなるのです」

ばらまきマン「何といっても社会は明るくなければダメだ。今の世の中は暗すぎる。大勢の若者がツイッターに『死にたい』なんて書き込むような社会は将来性がない。ベーシックインカムによって国民におカネを配れば、それだけでみんなの顔が綻んでしまうね。おカネを貰って喜ばない人は居ないよ。

心にゆとりが生まれれば、喧嘩も減って世の中が丸くなるんじゃないかな。毎月1万円をタダで貰えるようになるだけでも社会の雰囲気は良くなるだろう。最初は少ない支給金額かも知れないけど金額を徐々に増やし、やがて毎月の生活が保障されるだけの所得が支給されるようになれば、人々の不安が大きく軽減されて社会は確実に明るくなる」

みう「う〜ん、みんな現金な性格なのです。でも正直なのです。私もおカネがもらえれば嬉しいし、それだけで気分が明るくなるのです。ハッピーなのです」

ばらまきマン「**生活に不安が無くなれば、様々な事にチャレンジする人が増えてくるはずだ。**たとえば新しい分野のビジネスを始めたいと考える人が居たとしても、失敗して全財産を失えば再起不能になるかも知れないと思うと尻込みしてしまうだろう。生活が保障されていれば、どれほど失敗しても死んでしまう恐れはなくなる。失敗しても人生をやり直すことが出来るなら、何度でもチャレンジしようとする人が出てくる。大事業を成す人でも最初からすべて成功できるとは限らないし、数多くの失敗経験を経て本物のビジネスモデルが誕生してくる場合だって少なくないはずだ。**失敗を恐れずに果敢にチャレンジする人々が増えれば、失敗の数も増えるが、それだけ成功の数も増加し、社会の進歩は加速すると考えられる。**

それはビジネス分野だけじゃない。**芸術分野でも大きな飛躍が期待できる。**例えば日本のアニメは世界的にも評価が高く、政府もクールジャパンと銘打って育成に力を入れているが、その反面、アニメを支える多くの人たちの生活実態は極めて厳しい。年収100万円台という人もいるという。これではアニメ文化はやがて衰退してしまうかも知れないし、優秀な人材は海外にどんどん引き抜かれていく可能性もある。あるいは芸能人が趣味で描いた絵本を無料で配ると宣言して大きな反発を招いたこともある。しかし趣味で作り出される多くの作品が、パソコンの普及によってそれまでのプロの作品に匹敵するレベルに近づきつつある。初音ミクのようなボーカロイド（電子音楽ソフト）はその例だ。趣味で創作する人口が増加して世の中に無料のコンテンツが増える一方なので、アーティストが作品だけで生計を立てることはますます厳しくなるだろう。

もし芸術を志す人々の生活が保障されたなら、彼らは生活に心配することなく創作活動に打ち込むことができるようになる。アニメ文化の担い手も増えると予想される。彼らはおカネのために働いているわけではないので、タダでおカネが貰えるようになっても堕落して怠けることはない。むしろ生活費の足かせが外れることで、ますます創作活動に打ち込むようになるはずだ」

みう「そうなのです、生活の不安が無くなれば、みんなリスクを恐れずにどんどんチャレンジする社会になるのです。そうすれば社会は活気に溢れ、学問や文化が盛んになって、明るく前向きな社会になるのです。なんだか未来に希望が持てる気がしてきたのです」

経済の劇的な回復と安定化

ばらまきマン「はっはー、何と言っても景気回復に対する効果は劇的だ。財源やインフレをとやかく言う人でも、ベーシックインカムによる景気回復効果そのものを否定する人は誰もいないんじゃないかな。おカネを国民に給付するのだから景気が回復しないわけがない。この効果は月額10～15万円の満額ベーシックインカムじゃなくて毎月1～2万円の小額でも十分に期待できる。何しろ毎月1万円を給付すれば年間15兆円の財政出動になる。政府がしばしば景気対策として補正予算を組むこともあるが、その規模はせいぜい数兆円といった程度だから効果はかなり大きいよ。

就業時間を早めに切り上げるプレミアムフライデーなる制度を政府が推進しているけど、いくら仕事が早く終わったところでおカネがなければ人々はそのまま帰宅してしまう。一部の高額所得者には効果があるかも知れないけど、庶民にとっては暇があってもおカネがければ意味が無い。小額ベーシックインカムとプレミアムフライデーの組み合わせなら効果は期待できる。

また臨時ボーナスみたいなおカネを貰うと、得した気分になって、ついついおカネを使ってしまうのが人間の心理だ。年末調整で払いすぎた税金が戻ってくる場合があるけど、なぜか得した気分になる。**所得税を軽減する負の所得税をベーシックインカムだと考える人もいるけど、普通の人は税金が安くなってもあまり得した気分にはならない。『おカネを貰う』ってことが大切だ。だから負の所得税じゃなくておカネを配るベーシックインカムの方が良い。**経済にとって人間の心理はものすごく重要だ。例えば給付の仕方にも工夫が必要で、毎月1万円の支給じゃなくてゴールデンウィークのような大型連休の1ヶ月前に1年分12万円をまとめて支給する、なんて方法も景気対策として考えるなら有効だろう。人間はまとまったおカネを手にすると気が大きくなって財布の紐も緩むというわけだよ。

またベーシックインカムは散発的に実施される給付金に比べて経済効果がずっと大きくなる。長期に渡って支給されるわけだからローンが組める。一定の所得が必ず得られるのだから、金融機関は安心してローンを提供することができる。すると企業もベーシックインカムによるローン消費を当て込んで投資に踏み切るはずだ」

労働宣教師「おカネを国民に配っても貯め込むばかりで消費は増えないざます。貯蓄が増えるばかりで意味がありません。単なるバラマキざます」

ばらまきマン「はっはー、日本人はおカネを貯め込むのが大好きだから貯蓄されてしまうと考えるかも知れない。しかし近年の統計を見ると、日本の家計の貯蓄率はむしろ年々低下していると指摘されている。２０１３年に貯蓄率はマイナス１・１％になり、２０１５年もプラス０・７％と極めて低い状況だ（内閣府国民経済計算）。一方、貯蓄率が減っているから家計の貯蓄も減り続けているのかと言えばまったく逆で、家計の金融資産は今もどんどん増え続けて１８００兆円を超えた。**つまり一部の富裕層はどんどんカネを貯めこんでいるが、多くの国民は貯蓄も満足にできないほど厳しい生活状況にあると思われる。だから国民全体でみれば、ベーシックインカムで支給したおカネの多くはおそらく生活費に回ると考えられる。**

また仮に貯蓄された場合であっても金融緩和の効果がある。この話は難しくなるので詳しくは説明しないが、ベーシックインカム（ヘリコプター・マネー）は日銀の金融緩和と同じように市中銀行の保有するおカネの量を増やすからだ。むしろ『消費刺激＋金融緩和』の一石二鳥の効果があるので、金融緩和よりも優れている」

みう「日銀の金融緩和と同じ効果があるんだったら、日銀が発行したおカネを銀行に流さないで、最初から国民に配ればよいのです。その方が国民の所得が増えてうれしいし、消費も伸びるし、金融緩和にもなるのです」

ばらまきマン「はっはー、その通りだね。また、**ベーシックインカムによって景気が回復するだけじゃない。好況・不況の景気変動が小さくなり、経済が安定化すると考えられるんだ。**というのも、経済の不安定化の背景には産業構造の変化が大きく影響しているると思われるからだ。

すでに説明したように、日本の産業構造は機械化に伴って第三次産業中心の経済に移行してきた。その第三次産業は、ある意味で『必要性が低い産業』と言える。もちろん第三次産業には医療や教育サービスなど必要性が極めて高い業種もある。しかし総じて言えば、第三次産業の業種は必ずしも生活に必須な産業ではない。テレビ、雑誌、スポーツ、外食、観光、趣味娯楽といった産業は無くても生活に大きな支障は出ない。もちろんそれらの産業が生活にゆとりを与え、人々の幸福向上に寄与していることは間違いないけど、仮になくなっても生活が成り立たなくなるほどではない。

一方、衣食住をささえる製造業、農水産業、建設業といった第一次産業、第二次産業は人々の生活に必要不可欠だ。これらが欠乏すれば人々の生活・生命に直結する。だから仮に景気が多少悪くなっても衣食住の売り上げが劇的に減ってしまうことはない。比較的に不況に強いといえる。それに対して趣味娯楽のような産業は生活に必ずしも必要ではないため、景気が少し悪くなっただけで、たちどころに売り上げが減少してしまう。不況に弱いわけだ。そして機械化に伴って産業全体における第三次産業のウェイトが高くなることは、経済全体がそれだけ不況に弱い産業に依存するかたちになってしまう。

こうした状況下では、ちょっとした出来事で消費者の購買心理が冷え込むだけで、経済全体が連鎖的に不況に陥るリスクが高いと考えられる。例えば消費税をわずか３％引き上げただけでも、それが消費者心理を冷え込ませ、買い控えや節約によって外食、観光、趣味娯楽のようなサービスの売り上げがたちまち減ってしまう。生活に必ずしも必要ではないからだ。そして誰かが財布の紐を締めると、企業の売り上げが減るため人々の賃金も減少し、生活に必須ではない消費はさらに切り詰められてしまう。負の連鎖反応だ。こうした傾向は機械化に伴って第三次産業に産業構造がシフトするにつれてますます強くなっていると考えられる。

だからベーシックインカムで人々の購買力を下支えするわけ。するとと消費者心理は簡単に冷え込まなくなる。おカネにゆとりがあれば、外食や観光旅行、趣味娯楽を節約する必要はないし、そもそも楽しみの無い人生なんて生きている価値が無いよ。**ベーシックインカムによって世の中のおカネを常に回しておけば、人々の不安も減って景気も安定化するはずだ**」

みう「そうなのです、誰も好き好んで節約しているわけじゃないのです。楽しみを削ってまで節約するのは、おカネが無いからなのです。楽しんでこその人生なのです」

生産性の向上と所得の向上

ばらまきマン「最近は新聞テレビで生産性の向上が大切だとしきりに報道されるようになった。とはいえ、なぜ生産性の向上が大切なのかわかるだろうか」

みう「生産性って仕事の効率のことだと思うのです。一人ひとりの仕事の効率が高まれば、片付けられる仕事の量も増えるから労働時間が減るのです。短時間で多くの仕事をこなせるようになるから、モノやサービスをたくさん生み出すことができるのです。だからいいことなのです」

ばらまきマン「はっはー、確かにそのとおりだ。一人ひとりの仕事の効率が高まれば、短時間でより多くの財（モノやサービス）を生産することが出来る。少子高齢化の社会になれば生産年齢人口（15歳以上〜65歳未満）の比率は減少し、非生産年齢人口（15歳未満、65歳以上）の比率は増加するから、一人ひとりの仕事の効率、つまり生産性を高める必要がある、と考えられるわけだ。

しかしこれまで説明してきたように人工知能やロボットによっても生産性は向上する。むしろ一人ひとりの仕事の手順や内容を工夫して効率化を図るより、仕事そのものを機械化してしまう方が遥かに効率的な場合も多い。テクノロジーが進化するほど、ますますその傾向は強くなる。多くの人は生産性の向上と聞くと、機械化よりも自分達の仕事の効率化を連想しがちだが、生産性の向上は機械化つまり設備投資こそ最も大きく影響する。

従って生産性の向上は大切だが、だからといって自分達の仕事を無理矢理に効率化しなければならないわけではない。無理なものは無理だ。人間は機械のように動く速度を2倍にしたり、休みなく常に最適な手順を維持したりできるわけではない。そのことを理解しておかないと『生産性の向上』を錦の御旗のように振りかざして好き勝手な振る舞いをする政府や企業を許してしまう危険性もある。

例えば『業務の効率化』と称して従業員に無理な時間短縮の圧力をかけることで、職場におけるストレスを増やし労働者を追い詰める。しまいには時間短縮がノルマのようになってしまう。効率化が新たなハラスメントになるかも知れない」

みう「むっ、気を付けないといけないのです」

ばらまきマン「あるいはそれが『働き方改革』と称する残業代ゼロ法案だったりする。残業時間をゼロにすれば、計算上、生産性は否応なく向上する。しかし残業時間をゼロにしたからと言って時間内に仕事が終わるとは限らない。場合によっては家庭に持ち帰って仕事する場合もあるだろう。しかし時間内に仕事が終わろうが終わるまいが、残業代をゼロにすれば賃金をカットすることができる。これは態のいい『賃金減らし』ではあるが誰からも文句を言われることはない。『生産性の向上』という錦の御旗があれば深く考えずに誰もが賛成するからだ。良心的な企業の中には、時短で残業代がなくなったぶんだけ基本給を引き上げて従業員の賃金総額が減らないように計らうケースがあるかも知れないが、そんな企業はほとんどないだろう」

みう「生産性を高めると残業代をカットされるなんて、むかつくのです。そんなら業務なんか効率化しないで、残業をどんどんやるのです。残業をやって賃金を引き上げるのです」

ばらまきマン「はっはー、そういう考えになっても当然だな。だから政府や財界が『仕事を効率化して生産性を高めるべきだ』と言ったところで、従業員が残業代を減らしてまで仕事の効率化に取り組むかは疑問だよ。政府が労働法規を改正して、プロフェッショナルな仕事に関しては労働時間と無関係に成果で賃金を決める『脱時間給』を推進しようとしているけど、それに対して残業代ゼロ法案だと労働組合は猛反発している。これは残業代がゼロになることで賃金をカットされることへの不満が背景にあるはずだ。

企業は従業員の仕事の効率化によって残業を減らして賃金コストをカットしたいと考えるし、一方の従業員は残業代（賃金）を減らしたくないから効率化に消極的。こんな不毛な綱引きは意味が無いし、どっちが勝ってもろくなことにならない。

だからベーシックインカムが必要なんだ。仮に残業代がゼロになったとしても、その分だけ政府からおカネが支給されるなら残業してまで賃金を稼ぐ必要はない。そもそも喜んで深夜まで残業している従業員は誰も居ないだろう。早く帰宅して育児や家事に時間を割くべきだよ。仕事より家庭を大切にできる。また企業は遠慮することなく従業員に対して仕事の効率化を推進し、残業時間を減らして人件費をカットすることが可能になる。もちろん仕事が効率化しないにも関わらず、従業員が残業ゼロで帰宅されてはかなわないかも知れない。しかし本当に生産性を高めたいのであれば機械を導入する方がはるかに効率的だよ。結局のところ、政治家やマスコミが騒いでいる『仕事の効率化』は生産性を高めるためじゃなく、残業代をカットするための都合の良い口実だと思う」

みう「すごーいのです。ベーシックインカムで企業も従業員もハッピーなのです。残業代が欲しくて残業するよりも、ベーシックインカムでおカネを貰って残業をやめたほうがいいのです。もちろん仕事も効率化して早く退社するのです」

ばらまきマン「はっはー、それだけじゃない。もっと驚くことに、**おカネを国民に配るとそれだけで生産性が向上する。**生産性を向上させるためには、仕事の効率化や設備投資よりもおカネを配るほうが遥かに簡単で即効性があるんだよ」

みう「おカネを国民に配るだけで生産性が向上するのですか。それはすごいのです。すぐに私におカネを配るのです。いくらでも生産性を向上させてやるのです」

労働宣教師「おカネを国民に配るだけで生産性が向上するはずがないざます。働きもしないのに生産性が向上するなんてあり得ないです」

ばらまきマン「はっはー、それはおカネを配ると生産資本（工場設備や労働力）がフル回転を始めるからだよ。今の経済はまだデフレから完全に回復したわけじゃないから、生産資本の生産能力にはまだまだ余力がある。例えば稼働率80％みたいな感じだ。もし国民におカネを配れば消費が増えるから、生産も増えて稼働率が高くなる。稼働率が80％から１００％になれば生産性は向上したことになる。稼働率が１００％になってもまだ消費が増えるようだと、生産を拡大するために企業は設備投資を始めるようになる。生産性の高い最新の機械を導入するわけだ。これが生産性をさらに高めることになる。これは製造業の場合だ。

またサービス業の生産性も向上する。サービス業の生産性が低いことが日本の課題だと指摘する識者もいるが、これはサービス業の人たちが非効率的な仕事をしているからではない。単純に景気が悪いことに原因がある。例えば小売店を考えてみよう。小売店の生産性は売り上げが増えれば高くなるし、売り上げが減れば低くなる。もし景気が良くなれば売り上げが増えるために、店員が何もしなくとも生産性が高まる。理髪店を考えてみよう。一日に5人のお客さんが来る理髪店で、景気が良くなってお客さんが一日に7人になれば、一日あたりの仕事の効率はそれだけで高くなる。

つまり製造業でもサービス業でも、生産性は売り上げと極めて密接に関係している。売り上げが伸びなければ生産性は向上しない。バブルの頃に高かった日本の生産性が失われた20年の間にどんどん低下していった理由は、企業や労働者がナマケモノだったからだと考えている人がいるようだか、それは大間違いだ。長期化したデフレによって売り上げが増えなかったからだ。もし売り上げが増えない状況のまま生産性を高めようとすれば、企業は従業員を解雇して人件費コストを減らすようになる。

生産性を向上するためには構造改革や働き方改革を優先するよりも、国民におカネを給付して売り

上げを増やすことが最も効果的かつ即効性があり、最優先に行われるべきだ。なぜなら売り上げが増加すれば必ず生産性は向上するが、生産性が向上しても売り上げが増えるとは限らないからだ。だから、小額からスタートするベーシックインカムは生産性の向上にとって有効な手段なんだよ」

資源の効率的利用

ばらまきマン「資源の効率的利用や地球環境保全（エコロジー）という観点からもベーシックインカムはとても有効だ。資源の無駄遣いをなくして、日本人の昔からの美徳とされる『もったいない』の精神が活きる社会を実現できる」

みう「ベーシックインカムは環境にもやさしい制度なのですか、エコなのですか。どうしてなのですか」

ばらまきマン「現代の社会は大量生産・大量消費でなければ維持できないシステムだ。その理由のひとつが利潤だ。資本主義の社会では利潤（売り上げ利益）を求めようとする動機が経済を動かす仕組みになっている。おカネを増やそうとする動機が活動の根幹にあるから、すべての経済活動は利潤を求め、売り上げを増やそうとする。そもそも経済活動は人々の需要を満たすため、人々の生活の向上を図るために行われるはずだが、それがいつの間にか『おカネを増やすため』という目的に入れ替わり、ひたすらおカネを増やそうとする。逆に言えば、**おカネを増やせる状況でなければ、どれほど経済活動が低迷して社会に貧困や格差が生じても経済活動が行われない**ことを意味する。

近年、貯蓄が増える一方で投資が伸びずにおカネが死蔵されている原因はこれだよ。利潤が望めないから投資をしない、だから経済が低迷する。大量生産・大量消費によって利潤を増やさなければ経済が成り立たない。これが地球環境に大きな負荷を掛ける」

みう「利益を右方上がりで増やし続けなければ成り立たない社会。そのために大量生産・大量消費を止める事ができないなんて、いかにも破滅しそうな予感なのです」

ばらまきマン「もう一つの理由は『働かなければ1円の所得も得られない』というシステムにある。このシステムは景気の良いうちは順調に機能するが、景気が悪くなるとたちどころに問題が発生する。景気が悪くなると失業者が増えるから、貧困や格差が拡大して人々の社会に対する不満が高まり、自殺や犯罪が増加したり、過激な思想を信じたりする人が増える。そのため社会の安定化には『完全雇用』の状態が必須となる。いわゆる一億総活躍というわけだよ。ところで技術の進歩に伴って生産に機械が導入されるようになると、失業者が必ず出てくる。これをそのまま放置すると社会が不安定化するから、失業者を再雇用するために新しい産業、新しい仕事を生み出す必要が出てくる。

高度成長期のようにテレビも洗濯機もない時代であれば、人々の需要は旺盛だったから、不足している財を生産するだけで新しい産業や新しい仕事を生み出すことは比較的簡単だった。ところが社会が豊かになってくると人々はそれほど貪欲に消費しようと思わなくなる。需要が頭打ちになってくる。その一方で、技術の進歩は待ったなしで進むから、失業者はどんどん出てくる。

そうなると、普通に人々の需要に応えているだけではすべての失業者を新しい産業に再雇用することは難しくなってくる。**失業者を増やさないためには、必要であろうと必要でなかろうと、とにかく生産して消費することで仕事を作り出さなければならない。そのため現代社会はひたすら大量生産・大量消費に依存せざるを得ないんだ**」

みう「失業者を増やさない目的のためだけに、ひたすら大量生産・大量消費をするなんてバカバカしいのです。それなら、私は失業者を増やさないために働いているようなものなのです」

ばらまきマン「大量生産・大量消費を促進するため、宣伝広告が多用されている。衣料品は体型が変わらなければ何年も使えるから、そのままでは売り上げは増えない。そこでテレビや雑誌では毎年のよ

A）ベーシックインカムのない社会＝必要以上に大量生産・大量消費

B）ベーシックインカムのある社会＝必要に応じた生産と消費

うに新たな流行が仕掛けられて、広告によって人々の欲望を刺激し、衣料品、アクセサリーの売り上げを伸ばそうとする。家電製品も車も、デザインを変更することで目新しさを追及し、人々の購買欲をそそる。その結果、まだまだ製品が十分に使えるにも関わらず新たに生産された商品に買い換えられ、使わない服がクローゼットから溢れるほど増えたり、家電製品がゴミとして大量に廃棄されるようになる。これは資源のムダだよ。

最近は資源リサイクルが盛んだけど、とてもじゃないが大量生産・大量消費に追いつかない。しかも、技術が進化すればするほど失業がますます増えて、さらなる大量生産・大量消費が求められるのだから追いつくはずがない。しまいには地球の資源を食い潰して破綻することになる。もちろん資源開発のために地球上のあらゆる場所が掘り返され、環境破壊と公害が蔓延する。だから人工知能やロボットが活躍する時代になれば、そもそも**完全雇用を前提とした社会システムは成り立たない**」

みう「こうなったら、ちゃぶ台返しなのです。おりゃあ」

ばらまきマン「はっはー（おい、今どきの若い奴がちゃぶ台なんて見たことあるのか）、**そこでベーシックインカムだよ。所得が保障されれば失業した人を1人残らずすべて再就職させる必要はなくなる。**必ずしも『完全雇用』である必要はない。もちろんこれは小額ベーシックインカムの段階では無理だけど、時間をかけて徐々に支給額を増やしてゆけば、やがて働かなくても十分に生活できるだけの給付を実現できる。

完全ベーシックインカムが実現すれば雇用を作り出す目的で必要のないものを無理に売ったり、過剰に生産したりする必要はなくなる。そして売り上げ競争や宣伝広告に費やされていた資源も使わずに済むわけだ。資源の無駄遣いが減って、資源の効率的な利用が可能になる。

そうなると日本の古くからの美徳である『もったいない』の精神が活きてくる。まだ使えるものは徹底して使う。大切な資源を節約して使う。この美徳を日本で大きく広げることができる。ベーシックインカムのない時代では、失業者を増やさないために大量生産・大量消費を余儀なくされていたわけだから、そうした時代に『もったいない』なんて精神でいると、失業が増えて経済が成り立たなくなってしまう。酷い話だよ。

だからベーシックインカムを導入して、もったいない精神を存分に発揮して欲しい。耐久性に優れた良い製品を作り、それを大切に長く使う。作り出した財を子々孫々に受け継ぐ、あるいは中古販売でリユースする。そうした社会になれば、地球の限られた資源を大切に使う、環境にやさしい、持続可能な社会になるはずだ」

子供の貧困対策と人口増加

ばらまきマン「はっはー、日本では少子高齢化が指摘されているが、ベーシックインカムは減り続ける人口を増加させる効果があると考えられるんだ。人口が爆発的に増加することも問題だが、人口が急激に減り続けることも問題だ。子供は特定の個人の価値観や欲望を満たすためだけの存在ではない。人類全体にとって重要な存在なんだ。あらゆる生物種の進化は種の繁栄（数と質の増加）に向かうものだけど、人類は進化するほど少子化によって数を減らす傾向にある。例えば途上国は人口がどんどん増加しているが、先進国はどの国も少子化問題を抱えている。誤解のある表現かも知れないが、途上国が先進国になると人口が減り始める。先進国は人口が止め処なく減少してやがて国が消滅することになる。そんな馬鹿なことはない、やがて自然に人口は増え始めるはずだと思うかも知れないけど、じゃあいつになったら少子化に歯止めがかかるのか、それを問うても答えはないだろう。より積極的な対策を講じなければ、人口が減り続けて人類が衰退すると考える方が自然だ」

みう「人口が減り続けるのはおかしいのです。テレビや映画では、人類が進化すると人口が増えて宇宙に広がってゆくなんて話が多いのです。スペースオペラなのです。でも実際には人類が進化すると少子化問題を引き起こして、宇宙に進出する前に人口減少で絶滅してしまうのです。テレビや映画の脚本はみんなウソなのです。少子化問題で絶滅する人類の映画が正しいのです」

ばらまきマン「はっはー（いや、少子化で人類が絶滅する映画じゃ観客が入らないだろ）、少子高齢化は子供を生み育てることへの負担が相当に影響していると思う。そもそも子供を育てることは大変だし、肉体的、精神的、経済的な負担は避けがたい。昔の人は厳しい生活の中で必死に子供を育ててきた。だからといって、今の人々も育児の負担に耐えるべきだというシバキ根性論だけでは少子化問題の解決は難しい。

なぜ人々が育てる子供の数を減らし、子供を育てなくなったのか？　昔の社会には子供を育てることを半ば義務のように考える環境があったと考えられるから、子供を育てることは当たり前であっただろう。また昔は老後の生活を子供に養ってもらう必要があったかも知れない。しかし核家族化が当たり前になって、独りで生活するために便利な道具（洗濯機、冷蔵庫）や食品（レトルト、インスタント）、お店（コンビニ、惣菜店）が発達すると、老後も自力で生活できるようになった。また、昔は子供を育てること以外に人生の目標がなかったかも知れないし、子供の居ない人生はつまらなかったかも知れない。

今日では、人々の仕事が多様化することで、子供を育てること以外にも多くの生き甲斐、やりがいが登場してきたため、必ずしも人生の目標が子供を育てることではなくなってきた。このように、人類の進化に伴う社会や仕事の変化が人々の行動を育児以外へ向けさせていることは間違いないと思う。であればなおさら、子供を育てることの負担を減らし、育児に目を向けさせなければならない。相対的に子供を育てる必要性や魅力が低下した時代であるとはいえ、子育てに魅力がなくなったわけではない。いまこそ『子育ての魅力を高める』あるいは『子育てのハードルを下げる』ことが重要だ」

みう「いろんな事に悩まなくても、普通に子供を生んで育てることのできる社会になることが大切なのです」

ばらまきマン「またメディアで近年さかんに取り上げられる『子供の貧困』への対策が重要だ。日本が好景気だった時代には、子供の貧困が大きな社会問題とされたことはなかった。当時は『一億総中流社会』と呼ばれるような格差が少ない社会だった。ということは、今日における子供の貧困問題は個人の努力や根性が足りないから生じているのではなく、失われた20年という長期間のデフレによって生じている所得格差の拡大、労働環境の悪化が背景にあると考えて間違いない。日本では驚くべきことに子供の６人に１人が貧困状態にあるという。こうした子供が成長して大人になった時に、子育てをどう思うだろうか？　子育ては苦しいだけだと思うかも知れない。また貧しい家庭の子供が貧困ゆえに教育の機会を逃すことで、成長しても貧困から抜け出すことの出来ない、いわゆる『貧困の連鎖』という現象も指摘されている。貧困な子供が大人になっても貧困なままであれば、子供を育てる生活上のゆとりは生まれないだろう。もちろん子供の人権の観点からも子供の貧困問題の解決は急務だ。

国民の所得が低ければ子供は増えない。なぜなら所得が低ければ結婚しても子供を生まない、あるいは子供の数を少なくしようと考えるからだ。内閣府・平成17年版国民生活白書『子育て世代の意識と生活』(参考資料※6)によれば、夫婦世帯の年収が400円を下回ると子供の居ない世帯が増加する傾向が見られるという。このことから、ある一定以上の年収がなければ子供を養育することは難しいと考えられる。子育て世代の世帯所得は近年横ばいを続けている上に、この失われた20年の間に子育て世代における世帯間の所得格差は拡大しているとされる。つまり経済的に子供を育てることが難しい世帯が増えていることは間違いない。こうした低所得の子育て世代の所得を引き上げなければ、少子化の解消は難しいと考えられる。

そこでベーシックインカムだ。満額のベーシックインカムを支給すれば子育て世帯の所得は十分に引き上げられる。また財源を抑えたいなら、先ほども述べたようにベーシックインカムを年金や子供手当てからスタートする方法も検討すべきだ。最近になって政府が始めた保育所の待機児童対策、教育の無償化も良いが、これでは子供の貧困問題の解決には至らない。例えば教育の無償化に加えて大学卒業前22歳までの子供に対しては1人当たり毎月5万円を支給する。子供手当てを親が遊ぶ金に流用する悪質なケースが発生することも考えられるので、家庭環境によっては子供本人に支給する形を取っても良い。満額ではなく小額ベーシックインカムであったとしても、その経済刺激効果によってデフレを脱却し、景気を回復させることができるために、貧困家庭の所得や労働環境は改善へと向かう。

新聞テレビでは、やれ育児の分担だのイクメンだのと盛んに報道しているが、実際のところ毎日残業でクタクタになり深夜に帰宅したのでは、子育てに十分な気力も体力も残されていない。かと言って育児のために定時で帰宅できる仕事に転職すれば所得が減って育児どころではない。**メディアも政治家も『努力と根性で死ぬほど働きつつ、子供を育てろ』というのだから呆れてしまう。これではまるで『子育て奴隷』ではないか。これのどこが『人類が進歩している』と言えるのか。**テクノロジーが進化すれば子育てが楽になって当たり前だが、ますます子育ての負担が増える有様だ。かなり乱暴な言い方ではあるが、働かなくても生活できるようになれば暇を持て余し、人々の関心は子供を育てることに向くだろう。そうすれば子供を育てる人は増えるはずだ」

みう「これだけ技術が進歩しているのに所得格差が広がって、子育ての負担が減るどころか共働きしないと生活できない家庭が増えて、育児がますます大変になっているのです。矛盾しているのです。子供が増えるはずが無いのです。私は結婚とかまだピンとこないけど、子供は好きだから子供が欲しいと思っているのです。だけど子育てのために貧乏になるのは嫌なのです。それに子供と接する時間を削ってまで働くのは、なんか違う気がするのです。働きながら子供を育てるのは大変なのです。自分の代わりに人工知能ロボットに働かせて、育児に専念したいのです」

労働宣教師「いいえ、おカネを配らなくても、保育所をどんどん増やして待機児童を解消すれば良いざます。女性の社会進出を加速するためには、働きながら子供を育てることが必要ざます。子育てに専念なんかしたら、女性が社会で活躍できないのですよ」

ばらまきマン「はっはー、確かに仕事に生き甲斐を見出して仕事と育児を両立したいと考えている女性も多いだろうから、そうした考えを否定するつもりはないよ。でも子供を育てるためのおカネが足りない理由で、おカネのために働いている女性も大勢居るはずだ。これは育児にとって大変に大きな負担だよ。**人類が進化しているのであれば、もっと楽に子供を育てられる環境に進むのが正しい道だ。**そのためにはおカネを給付することが最も有効だ。そうすれば子育てに専念できる女性が増えて、待機児童も減るだろう。

また、ベーシックインカムとして子供手当てを支給するならば、子供のいる家庭ほど生活が豊かに

なる。今は子供を育てるための金銭的な負担の関係上、独身者の方が自由におカネを使えるから、多くの人は独身の方が良いと考えるかも知れない。しかし子供が居るだけで所得が増えるなら、むしろおカネのために結婚して子供を育てる人が増える可能性もある。それは不謹慎な考えだろうか。人類が進化・繁栄することは人口が増えることでもある。もちろん地球資源の規模からすれば、人口総数は現状維持程度が望ましいかも知れないが、少なくとも人口が減り続けることが人類のあるべき未来でないことは確かだろう。そう考えれば、おカネを給付してでも人口を維持することは人類のあるべき進化の方向性に合致する。

独身者の中には所得が低いから結婚できない、結婚しないというケースもあるだろう。ＡＤＤＬＸによる「女性の結婚条件についての意識調査」によれば「結婚相手の理想年収」について年収「５００万円くらい」(２９・５％)の回答が最も多いという。次いで「１０００万円くらい」(１６・５％)、「６００万円くらい」（９・５％)、「８００万円くらい」（９・０％)、「７００万円くらい」（８・５％）であるという（参考資料※7）。一方、一般的な20～30代の男性労働者の年収はどれくらいか。厚生労働省・平成27年賃金構造基本統計調査（参考資料※8）によれば、25～29歳の男性の賃金の中位値（下から数えて全体の二分の一番目）は２３５・2万円、30～34歳では２６７・４万円となっている。つまり女性の結婚相手に求める年収と実際の年収には１５０～２００万円も差がある。仮に完全ベーシックインカムが実現すれば、１人あたり年間１２０万円～１８０万円のおカネが支給されるわけだから、所得が理由で結婚できない、しない人は少なくなるはずだよ」

地方経済と農業の活性化

ばらまきマン「地方経済と農業の活性化にも効果が期待できるよ。近年は地方の人口が減少し続け、高齢化による地域社会の担い手が不足して問題になっている。これは少子化に加えて若い人たちが都市部へと流出してしまうことが原因だ。とはいえ市場経済社会は必ず効率化へと向かう性質があるため、何らかの手を打たない限り都市部への人口集中と地方の過疎化は避けられない。そこで地方の自治体では若者が都会からリターンして地域に定着できるよう、住宅を補助するなどの政策を行っているけど、一番の課題は『働く場をどう確保するか』だ。いくら地方で生活する魅力をアピールしても、仕事がなければ所得が得られない。仕事がなければ地方自治体がいくら熱心でも若者は定着できない。もちろん地方は企業の誘致に努力しているけど、地方に移転することは効率化とは逆の流れになるため、企業も容易に地方の要請に応えることはできない。工業団地の造成や税制面で優遇を図るなどのコストメリットを提供しても、それよりさらに格安の海外との誘致競争には勝てない。そのため従来の手法で地域社会を活性化させることはほとんど不可能といわざるを得ない。

そこでベーシックインカムだ。支給額が小額のうちは難しいかも知れないが、支給額だけで生活が保障されるレベルになれば、都会から地方への移住者が増加する可能性は十分にある。地方へ移住する上で最大の障害となっている『所得』の問題が解消するからだ。都会の生活は刺激があって魅力的ではあるが、すべての人が好き好んで都会で生活しているとは限らない。騒音、大気汚染、近隣トラブル、交通渋滞、狭い居住空間などの欠点も多い。そうした喧騒を離れて自然を満喫できる地方でのびのび生活したいと考える人は多いはずだ。地方への移住者が増加すれば地域の消費を拡大するから、地方の経済活動は活発化する。スーパーなどの大規模小売店が進出して生活利便性も向上するし、そうした店舗に商品を供給する地場の農家も活性化する。様々な個人のサービス業も盛んになる。地産地消の経済循環が生じてくる。すると雇用の機会も増えるはずだ。またベーシックインカムの給付金だけで生活する人々のなかには、ボランティアで様々な活動を行う人も増えてくるだろうから、地域のコミュニティは活性化して活気が戻ってくると思う」

みう「都会の暮らしは魅力的だけど、田舎でのんびりスローライフもいいのです。テクノロジーが進化すればバーチャル技術を利用して、田舎でも都会と同じような刺激的な体験ができるようになると思うのです」

ばらまきマン「はっはー（おお、意外な発言だな）、それは十分に可能だと思う。また、ベーシックインカムは農業の活性化にも良い影響があるはずだ。日本の農業は高齢化が進んで後継者も不足している状況にある。しかし農業衰退の原因が農業そのものに魅力がないからだとは思えない。多くの人たちが家庭菜園を欲しがることから、人間の本質は作物を植えて育てることが大好きだとわかる。農業をやりたがっている。ところが農業で十分な所得を確保することは簡単じゃない。効率化の観点から言えば、日本のように耕地面積が狭く、山間部のように大規模な機械化が難しい国では、海外とのコスト競争に勝つことはできない。政府は農業の高付加価値化を目指しているが、富裕層しか買えない高級品の農産物を作ることが本来の農業だとは思えない。

そこでベーシックインカムだ。所得が保障されるなら、農業収入は副収入程度でも十分なはずだ。おカネのためだけに農業をしていた人は農業を止めてしまうかも知れない。しかし農業を副業としていくらかでも収入を得たいと考える人は多いと思う。農業収入だけで生活するわけではないので、必ずしも大規模経営である必要はない。より多くの人が趣味や運動をかねて農業に従事するようになることが望ましいと思うんだ。そうした目的で地方へ移住する人が増えて欲しい。そのためには農地の売買や貸借、あるいは農地の国有化（共有化）といった制度が必要になるかも知れない。

また地方へ移住した人たちの中には、農業経営をしないまでも、ボランティアで農作業に参加しようとする人たちも出てくるはずだ。ボランティアと言っても無償じゃなくて、参加者が食べる分だけの農産物を報酬として受け取るわけだ。実際の農作業の中でボランティア労働をどう活用するか考えることは簡単じゃないかも知れないけど、うまく活用できれば農家の人手不足の問題を解決できると思う。

そもそも農業収入だけで日本の農業を守り育てることは難しい。山間部が多い日本の国土では農業の効率化に限界があるからだ。農業は単に産業として重要なだけではない。日本の自然、美しい景観の一部をなす国の財産の一つだ。人の手で作られた里山や山間の水田の姿を後世に伝えてゆくことが日本の伝統文化の継承でもある。それらは都会の人々の手には負えないのであり、地方の活性化、農業の活性化が欠かせない」

みう「なるほど、そもそも農業だけで十分な所得を得ようとするから無理があるのです。農業は単に効率だけを追求して採算を取ればいいわけじゃないのです。工場生産とはわけが違うのです。日本の自然や景観を守る役割もある、文化の一つでもあるのです。ベーシックインカムで地方と農業を活性化するのです」

犯罪や自殺の発生率低下

ばらまきマン「当たり前の話だけど、もし所得が保障されるようになれば、生活費を得るために窃盗や詐欺を行う人は居なくなるはずだ。するとと社会の犯罪も大幅に減ると考えられる。もちろん生活費が目的じゃなくて犯罪組織の資金にする連中もいる筈だから、窃盗や詐欺が完全になくなることはないけどね。でも数から言えば経済的な理由で犯罪に走る人が大部分じゃないかな。『平成26年版犯罪白書』（参考資料※9）によると、窃盗事件の検挙者における無職者が占める割合の高いことが指摘されており、また失業率の高かった平成14年において窃盗事件の検挙数が一時的に増加し、その後減少に転じた動きから推測して、失業と犯罪の関連性は十分に疑われるという。

半分冗談かも知れないけど、『生活に困窮した人が、食事にありつくために故意に窃盗などを犯して刑務所に入所する』という話を聞いたこともある。ホームレスでは食事も寝る場所もないけれど、刑務所の中なら食事も寝る場所もあり、雨風にさらされることもない。また、刑務所に収監されていた人が刑期を終えて出所しても仕事を得ることができず、再び盗みを働いて戻ってくるケースもあるという。実にひどい話だ。もし生活のための所得が保障されるなら、おカネに困って犯罪を犯す人も、出所してから再び犯罪に手を染める人も減るはずだ。

また長期間に渡る貧困生活は人間に多大なストレスを与えるから、そうした人の精神を荒んだ状態にしてしまう。ストレスに関してはラットとマウスによる動物実験の例がある。ラットとマウスを同じケースで飼育していた場合、普段は特に争うことなく生活しているが、ラットにストレスを与えると凶暴化してマウスをかみ殺すようになるという。こうした凶暴化が同じ動物である人間に生じても不思議はない。通り魔殺人のような突発的、衝動的な犯罪の背景にも貧困によるストレスがあると思う」

みう「好き好んで泥棒をする人なんてめったに居ないのです。不安なく生活している人がいきなり人を殴ったり刺したりするなんて考えられないのです。貧困や格差が背景にあるのです」

ばらまきマン「経済的な理由による自殺も大きな社会問題だ。失業と自殺者の相関関係については、平成17年度内閣府経済社会総合研究所委託調査『自殺の経済社会的要因に関する調査研究報告書』でも明らかにされている。（参考資料※10）また、経済的に困窮していなくとも『働かなければ1円の所得も得られない社会』は人々に大きなストレスを与える。職場におけるパワハラ・セクハラは簡単にはなくならない。上司や同僚と性格が合わない、あるいは職場でのいじめがあるかも知れない。ブラックな会社に勤めていれば長時間労働で過労になり、精神状態が不安定になることもある。しかし、こうして精神的に追い詰められたとしても、容易に仕事を辞めるわけにはいかない。なぜなら仕事を失えば生活できなくなるからだ。仕事を辞めたくても止められない。この精神的葛藤が人々を自殺に追い込む。こうした自殺は『働かなければ1円の所得も得られない』という現代経済の仕組みによって生じていると言える。社会制度の犠牲者なんだ」

みう「でも、社会制度の改革を訴える人々に対して、自ら努力せずに社会の責任にして逃げていると非難する人や、社会の責任じゃなくて自己責任だという人がいるのです。社会を変えるのではなく、個人が社会に合わせるべきだというのです」

ばらまきマン「人間には本当に様々な性格や特性のタイプがある。多くの人は現代の社会システムに自分の性格や特性を合わせることで生活しているが、明らかに現代の社会システムに適していない人々もいると思うんだ。しかしそうした人々を強制的に現代の社会システムに組み込むことは大きな間違いだ。なぜなら現代の社会のシステムがこうである理由は、たまたまこうなっただけであり、それが絶対的に正しいとは言えないからだ。現代においてもイスラム教の国々の社会システムは欧米型のシステムとは異なる。昔の時代なら異民族を侵略し殺戮を繰り返すことが善だったわけだし、インカ文明のように生きた人間を生贄にささげることが賞賛される社会だった。だから、単に今の社会がそうだからと言って、それに合わせなければならない理由にはならない。

多くの人は社会に適合できない人を、単に能力が劣っている、あるいは努力が足りないと思っているらしい。しかし人間の優劣はその本人の知的・身体的能力だけでなく社会環境によって決まる場合もある。仮に社会が異文化や昔の時代のシステムだったら、あるいは未来の社会システムに代わったら、今は社会に適合的で優れているとされる人も、まるでダメな人間とされるかも知れない。その逆に今はダメな人間と言われる人々が、未来の世界では素晴らしい評価を得るかも知れない。社会は変化する。それに応じて社会に必要とされる人間の特性も移り変わる。だから人間を一つの価値観の中の押し込めることは人間の未来にとってマイナスになるだろう。**人間はなぜ多様なのか。それは多様であればこそ環境が変化した際に、種として強い適合性を示すことが出来るからだ。効率性を求めるだけなら多様性は必要ない。**ところが生まれてくる人間は決して一様ではない、多様性が必要だからだ。**人間は多様だからこそ繁栄してきたのであり、効率性という人工的な概念によって多様性をゆがめてはならない。**

とはいえ、昔の貧しい時代であれば、生産共同体としての社会に有無を言わさず適合させることは、やむを得ない側面があっただろう。しかし未来の社会では人工知能やロボットが活躍して人間の代わりに働いてくれるようになる。そうすれば、**どんなに不器用で仕事に向いていない人たちであっても、無理に現代社会の価値観やシステムに強制されることなく普通に生活できるようになるのは当然だ。こうした人々の存在が人類の可能性を広げる。そういう社会を実現するためにも、ベーシックインカ**

ムを徐々に導入すべきだよ」

みう「そうなのです、多様性、多様性と言いながら、その一方ですべての人を画一的な経済システムに組み込んで、すべての人に現代的な労働を強いるのは矛盾しているのです」

社会保障制度の効率化と充実

ばらまきマン「社会保障制度の効率を高めれば、その分だけ人々に提供される社会保障の内容を充実させることができると考えられるんだ。先にも説明したけど、現代の社会保障制度は複雑で効率が悪いとされる。給付型の社会保障制度として、年金、生活保護、失業手当、児童手当などがあり、別々に管理されている。そのためどうしても管理のコストが多くなり、支給漏れや支給金額の間違いも増える。これをベーシックインカムに一本化して管理を簡単にすることで管理コストを大幅に削減し、その分だけ国民に支給されるおカネを増やすことができると考えられる。ベーシックインカムはすべての国民に同じ金額のおカネを給付する制度だから、支給漏れや金額ミスは発生しない。現行の生活保護制度においては不正におカネを受け取る人が後を絶たない一方で、本当に必要とされる人に支給されていない（補足率が低い）との指摘がされているけれど、こうした問題も解決する。ベーシックイソンカムを社会保障制度として考えると、シンプルで理想的な制度だ。ただし現行の社会保障制度よりも格段に予算が必要となるので、いきなり現行の社会保障制度をそっくり入れ替えるのではなく、徐々に切り替えることが現実的な対応だと思う。

また現在の社会保障制度は利権の温床になっていると考えられる。例えば、特別養護老人ホーム、保育園、病院のような社会福祉法人への官僚の天下りだ。社会福祉法人は公益性が高いとされているので、法人税、固定資産税などの税金が非課税であったり、様々な補助金を受けたりできる。こうした優遇措置を受けるには公的な審査が必要だ。そして社会福祉法人施設の設置や運営には認可や補助金の申請が必須だ。そのため多くの社会福祉法人では福祉関連の許認可業務を担当している公務員から天下りを受け入れたり、国家・地方議員の関係者を受け入れたりしているという。例えば、２０１４年９月15日付け朝日新聞の報道によれば、前年度に社会福祉法人に天下りした公務員は公表されているだけで年間２３９人に上ったという。これが何年にも渡って続いているのだから、天下りの総数は数千人に達するかも知れない。

みう「社会福祉法人が天下りの温床になっているのです」

ばらまきマン「介護職員の低すぎる賃金が人手不足を招いているとの指摘もあるなかで、大きな利益をあげて多額の剰余金を貯め込んでいる老人介護施設もあるらしい。これはひんしゅくモノだよ。天下りや議員の口利きによって事業を有利に進めつつ、福祉からカネを抜き取っている現状は嘆かわしいといわざるを得ない。もちろんすべての天下りした公務員が利権を貪っているわけではなく、毎日献身的に働いている真面目な人も大勢いるはずだ。公務員が民間に転職する上での問題は、それが許可や補助金とセットになっている点にあるのだから、天下りをむやみに禁止するのではなく補助金や許認可制を廃止すれば良い。また保険料や補助金によって福祉施設を維持するのではなく、ベーシックインカムによって施設を維持できるようにすることが望ましい。つまり事業者におカネを渡すのではなく、消費者（要介護者あるいはその家族等）におカネを渡すことで市場原理を利用するんだ。必要なおカネを消費者に直接支給すれば、役人の口利きに秀でた事業所ではなく、より質の高い介護を提供している事業所の利用客が増えるから、結果として顧客満足度の高い介護制度を実現できると思うよ。

このように、ベーシックインカムは社会保障に関する官僚の関与を減らす制度であるため、同時に官僚の利権を大きく損なうことになる。社会福祉に関連する省庁から猛反対を受けることは間違いないだろう。既存の政治家、いわゆる族議員と結託して妨害してくる恐れもあると思う。もちろんマスコミも動員してくるはずだ。ベーシックインカムは既存の利権集団との戦いになることを十分に意識していないと、これから政治家やマスコミが主張するであろう、ベーシックインカムに対する激しい反対論に驚くことになるかも知れないね」

（2）グローバリズムや構造改革への対症療法

ばらまきマン「ベーシックインカムは、グローバリズムや構造改革のもたらす負の影響への対策としても期待できる。」オレは政治家や新聞テレビがさかんに賞賛する『グローバリズムや構造改革』にはまったく賛成していない。そんな事より優先すべき政策があると思うからだ。しかし今日の社会ではグローバリズムや構造改革を推し進めようとする勢力の力が強く、世界も日本も否応なくグローバリズムや構造改革に巻き込まれている。しかし、これらに負の側面があることは間違いない事実だ。

日本ではバブル崩壊以後、産業のグローバル化が急速に進行した。デフレによる不況がずっと続いていたため、資本の自由化によって海外への進出が容易になると、企業はより安い労働力を求めて生産工場を海外へ次々に移転し、国内の多くの工場が閉鎖された。また自由貿易の推進によって関税が引き下げられたために海外からの安い輸入品が増え、これに対抗するため産業の海外移転はさらに進むことになった。これにより国内の失業者が増加し、非正規雇用労働が増え、賃金は下落を続けることになった。

また欧州でもグローバル化に伴って移民政策が推進され、ソビエト崩壊後に旧社会主義国だった東ヨーロッパからの経済移民、あるいはアフリカや中東などの旧植民地からの移民を積極的に受け入れた。アメリカのサブプライムローン・バブルが引き起こした世界的な好景気に沸いていた当時の欧州では、移民はそれほど大きな問題にならなかった。しかしそのバブルが崩壊して不況に突入するとたちまち社会問題を引き起こした。バブル崩壊に伴って人手が過剰になる中でも移民は増え続け、低い賃金で働く移民が増えることで、もともと欧州で生活していた人々から仕事を奪い賃金低下の原因となった。これが欧州の人々の不満を招き、移民に対する差別や排斥感情を引き起こした。また不況に伴って移民や移民二世の中にも失業者が増えたため不満が鬱積するようになり、そうした人々の間には民族主義的な過激思想、イスラム過激派に共感する人々も増えていった。

こうした社会問題は明らかにグローバリズムが引き金となっており、グローバリズムに一定の歯止めが掛けられていれば防げたはずだ。しかし世界の政治家、企業、あるいは新聞テレビはこうしたグローバリズムの負の側面から目を背け、ひたすらグローバリズムを推し進めた。しかも十分な対策すら講じなかった。その結果、世界には過激な思想や排外主義が台頭し、いわゆる右派政党が躍進するようになった。アメリカではトランプ氏が大統領になり、フランスでは右派国民戦線が躍進し、オーストリアでは移民に批判的な国民党が第一党になる。こうした事態に政治家もマスコミも大騒ぎしているが、いわば自業自得だ。このままグローバリズムの負の側面から目を背けて何も手を打たなければ、事態がさらに悪化することは避けられない」

労働宣教師「グローバリズムは時代の流れざます、乗り遅れると世界から取り残されます。移民を入れても仕事を奪われることは無いのです。外国人の移民が低賃金の単純労働をするなら、日本人は高度な仕事をすれば良いのです。外国人の上に立って管理する仕事をすれば住み分けができるのです」

ばらまきマン「はっはー、それじゃあまるで海外から低賃金の奴隷を連れて来て、日本人の監督の下で働かせて搾取するようなものだよ。途上国の人を低賃金でこき使うのではなく、人工知能やロボットにどんどん投資して生産性を高める方がテクノロジーの時代に相応しいやり方だと思うよ」

労働宣教師「いまさら自由貿易は止められないざます。すでに世界は自由貿易に依存している状態になっているのです。いきなり依存状態を解消すればリバウンドで社会が大混乱に陥るのです。そうすれば人々の不満はますます増えることになるざます。もはやグローバリズム依存から抜けられないのです」

ばらまきマン「はっはー、そこでベーシックインカムだ。考えてみれば人々の不満や怒りの背景にあるのは『経済格差』だと考えられる。欧州がバブル最盛期だった当時、排外主義や民族主義は相手にされなかった。人々は生活に満足していたからだ。生活への不満が社会を不安定化させる最大の原因なのだから、ベーシックインカムによって貧富の格差を縮小し、グローバリズムの影響で仕事を失った人々に所得を保障する。グローバリズムの負の側面をしっかりと手当てすれば、仮にグローバリズム

が社会にゆがみをもたらしたとしても、人々はそれに耐えることができる。もちろんこれは『対症療法』であり、本質的には今日の『拝金主義的なグローバリズム』とは別の道を探すことが求められる。

また、構造改革を推進する上でセイフティーネット（失業者対策）は重要だよ。構造改革とはなにやら聞こえはいいけど、簡単に言えば『社会規模で行うリストラ』なんだ。構造改革と言えば規制緩和があるけど、その中に市場への新規参入を制限している規制の緩和がある。タクシーやバス事業、介護事業、建設業など数多くの事業において許認可により新しい企業の市場への新規参入が制限されている。こうした規制を撤廃すると、市場に新しい企業がどんどん参入して競争が激しくなる。その結果としてより優れた商品・サービスが、より安く提供される可能性があるけど、その一方で市場競争に負けて淘汰される企業が発生してくる。こうして産業がリストラクチャ（再構築）されるわけだよ。そして市場競争は生産の効率化をもたらすから、規制緩和によって人手が余るようになる。リストラや効率化によって生まれる失業に対して対策を講じなければ社会が不安定化するだろう。

たとえ小額でもベーシックインカムが支給されれば消費が増えて経済が活性化するから、構造改革で発生した失業者の再雇用は容易になる。そうすれば構造改革による生産の効率化は社会全体の富の生産量を増やす結果をもたらす。構造改革だけやっても消費が増えなければその効果は十分に得られない。単純に構造改革すれば良いとの考えは、高度成長期のようにどんどんモノが売れた時代の古い考えだ。低成長の今世紀では構造改革と同時におカネを国民に給付して購買力を向上させることで、初めて構造改革は有効だと言える」

みう「グローバリズムや構造改革だけやってもダメなのです。グローバリズムや構造改革で生産性が向上した分だけおカネを配るのです。そうしないと消費が増えないから生産性を向上しても意味が無いのです」

労働宣教師「んーまぁ、屁理屈を並べたてて勝ったつもりザマスか。労働と無関係に所得が得られるなんて信じられないのです。働かざる者食うべからずの世の中で、スキルを磨き、キャリアアップに食い下がってきたわたしの努力は何だったザマス。私の仕事のスキルも経験もムダだというのですか」

ばらまきマン「仕事のスキルも経験もムダではない。素晴らしい人生の成果だ。それらは賃金労働のために活用されなくても素晴らしいことに代わりはない。**これからはスキルや経験をおカネを得るために使うのではなく、自らを高めるため、そして人々の役に立てるために使えばいいんだ。**代価としておカネを求めなければならない労働は、おカネがない人に何も与えることはできない。自分が生きるために代価を求める必要がある社会ならそれは避けられない。しかし相手に代価を求める必要が無ければ自分の気持ちだけで活動できるようになる。何に縛られること無く、自由に自分の力を使えばいいんだ」

労働宣教師「ええい、おカネを稼いでこその労働ざます、おカネのない労働なんてウソ」

ばらまきマン「そんなあなたには、バラマキ光線！」

労働宣教師「はひゃぁああ、なんざます〜、う〜ん、あれ？　私は今までおカネに振り回されて働くことの本質を忘れていた気がします。もっと自由に働けるはずだったのです。これからはおカネのためではなく、人々の幸福のため、自己実現のため、おカネよりもっと次元の高い動機で働けばよいのです。それが働くこと本来の『労働の美徳』なのです。尊い労働なのです」

ばらまきマン「そうなんだ、たとえ人工知能やロボットがどれほど進化して人間の仕事がなくなっても、それはあくまで『生活の糧を得るための労働』が不要になるだけなんだ。労働の美徳が失われることは決してない。自らの信念に基づいて文化、芸術、学問、スポーツ、福祉活動、あらゆる分野で人間は活動を続け、それこそが仕事になるはずだ」

みう「労働の尊さより何より、私はとりあえずおカネが欲しいのです。それから考えるのです」

ばらまきマン「はっはー、若いうちはそれでいいんだよ。人間は何も考えずに生きているように見えて、実は無意識のうちに多くのことを学び取っている。そして多くの経験の中から、いずれ何かが意識の中でひらめく時が来る。それを信じて生きれば良い。おカネを稼ぐことに忙殺されること無く、興味と本能の命ずるままに真剣に取り組み、多くの経験を積み重ねることが大切だよ」

第4章

おカネに縛られない自由な社会

生産されただけで分配される社会って
不自然じゃないのですか？
ボワン
ほっほっほ不自然ではないぞ
だ、誰なの？さっきからややこしい人が出て来てうるさいのです。
おじいちゃんは引っ込むのです！
ほっほっ元気が良いのう
はっはー
相変わらず遠慮が全然ないな……
この人はベーシックインカムの神様だよ
この人を怒らせたらおカネが貰えなくなるかもしれない
ひえぇ〜これは大変な失礼を！
カシコミカシコミナンマイダ
アーメン！
怒らないでください。私におカネください。
ワシが大自然の恵みを作り出しておる神様じゃ。昔から人間はワシの作る自然の恵みのおかげで生きてきた。
だが、ワシに代価を払う人間は誰もおらん。わしはそれに文句を言うつもりはないがね。
だがしかし、ある時から人間は自然の一部をオレの物だと言いだしたのじゃよ……。
ここはオレの土地。入るな！
えー
えー

（1）ベーシックインカムの基本思想

ユートピアとしての未来社会

ばらまきマン「未来はどんな社会になるのだろうか。これからそれを考えてみよう」

みう「え〜、未来の社会なんて関係ないのです。大切なのは今なのです。未来のことを考えても私の生活には関係ないのです。私は現実主義なのです」

ばらまきマン「未来の社会を考えることはムダじゃない。自分たちの社会がどこへ向かっているのかも分からず、ただ成り行きのままに受け入れるのは危険だよ。そして、未来は今の社会が連続的に進化した先にあるのだから、**自分達の近い将来の姿を理解するためには、目指すべき未来社会の姿を思い描くことが必要だ**」

みう「そう言われてみれば、そうなのです。すぐ先の将来の社会を予測するには、目指すべき未来の社会の姿を知ることが必要なのです。じゃあどんな社会になると思うのですか？」

ばらまきマン「SF小説やマンガに興味がある人なら、そこに描かれた未来社会を想像したことがあるはずだ。多くはヒト型のロボットが人間の代わりに、あるいは人間を補佐して多くの仕事をしている世界だ。ポケットから欲しいものが何でも出てくるネコ型のロボットなんかもあったけど、さすがにそこまでいくとムリっぽいけどね。でも家庭に自動調理器があって材料を入れると全自動で調理し、洗濯や掃除なんかは当然に自動だろう。工場も完全自動だから人間は働いていない。建物やインフラの建設も機械が自動で行う。**すると人間は基本的に働かなくて良くなり『生活のカネを稼ぐための労働』から解放された社会になる。**もちろん人間が怠惰になるわけじゃなくて、興味のあることにみんなが全力で打ち込める社会になる。

20年や30年前まで、そうした未来社会はまさにフィクションの世界だったけど、科学技術は着実に進化を続け、この数年で様相が大きく変化してきた。人工知能やロボットの技術が大きく前進したからだ。そうなると20~30年前に夢物語だった社会の現実化が見えてくる。なぜ人間は人工知能やロボットを開発するのか？　それは金儲けのためだと考える人もいるだろう。しかしおカネを増やすだけなら金融市場でマネーゲームをしたほうが遥かにカネは儲かる。すごく簡単に言えば『楽をしたいから』だ。みんな楽をしたいと思っているから人工知能やロボットを求めるのであって、それは無味乾燥な労働から解放されたいからだ。**つまり人類進化の目標は労働の苦役から自由になることなんだ。それが技術革新で可能になる。**生活の糧を得るための労働から、自己実現のための労働へと労働の質が変わる。

そうなると人々が企業に就業する必要はなくなるから、人々が企業から賃金を受け取ることもなくなる。結局のところ、ベーシックインカムとして政府からおカネの給付を受けることになる。そうしなければ世の中のおカネが回らず、市場経済が成り立たないからだ。**これまでの常識では労働の対価としておカネ（所得）を受けてきたが、働かなくても良い社会になれば、自動生産される財の量に応じておカネ（所得）を受けることが常識となる。生産に応じて分配される社会だ。**究極的にはおカネそのものが意味を成さなくなり、オンデマンドで（要求に応じて）財（モノやサービス）が分配される社会になるだろうと思う」

みう「生産されるだけで財が分配される社会って、不自然じゃないのですか」

神様「ほっほっほ、不自然ではないぞ、若者よ」

みう「だ、誰なのです？　このおじいさんは。さっきからややこしい人が次々に出てきてうるさいのです。おじいさんに用はないのです。引っ込むのです」

ばらまきマン「はっはー（相変わらず遠慮のないお嬢ちゃんだな）、この人はベーシックインカムの神様だよ。この神様を怒らせると、おカネを貰えなくなるかも知れないぞ」

みう「ひええ、これはとんだ失礼をしたのです、カシコミカシコミ、ナンマイダ、アーメン、怒らないで下さい、私におカネ下さい」

神様「ほっほっほ、信心も金次第の世の中じゃからのう。さて、何を隠そうワシが大自然の恵みをすべての作り出しておる神様じゃ。その昔から人間は大自然の作り出す様々な富をいただいて生活してきた。山の幸も海の幸も人間が作ったものではなくて大自然が生み出してきた富じゃ。その富を人間が得ているのじゃが、ワシに代価を支払うものは誰もおらん。みんなタダで富を得て居るのじゃよ。しかしワシはそれに文句を言うつもりはない。それで良いと思っておる。

ところがある時から、一部の人間が大自然を『自分が所有している』と主張し始めたんじゃ。たとえばこの土地は自分の土地だから他の人間は排除する、この海は自分の海だから他の人間は排除すると言い出した。しかも所有している土地を利用する代価として、他の人間から利用料を取るようになった。いったいこれは何事なのじゃろうか。所有を主張している人間が何の富を生み出しているというのか？　富はワシが与えておるのじゃよ」

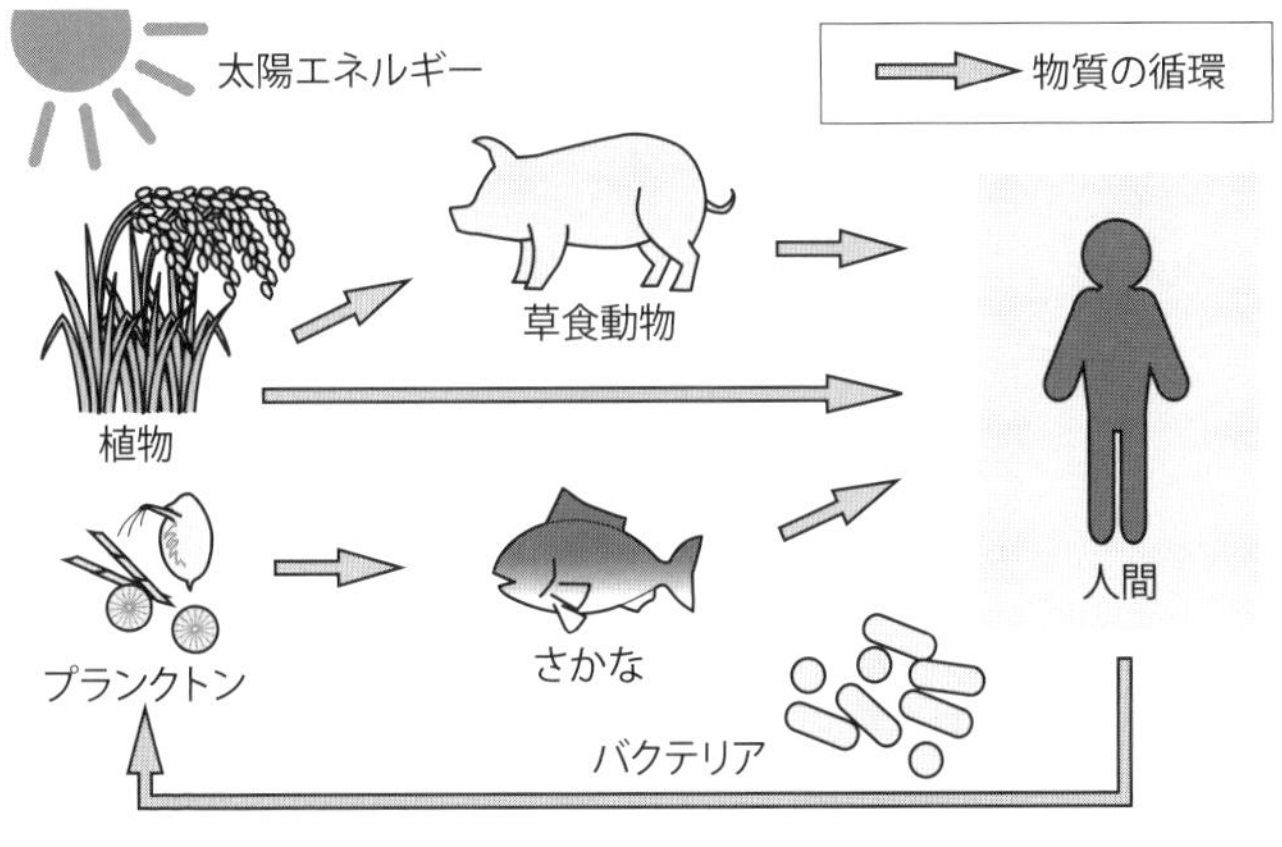

図12　生態系という完全自動生産システム

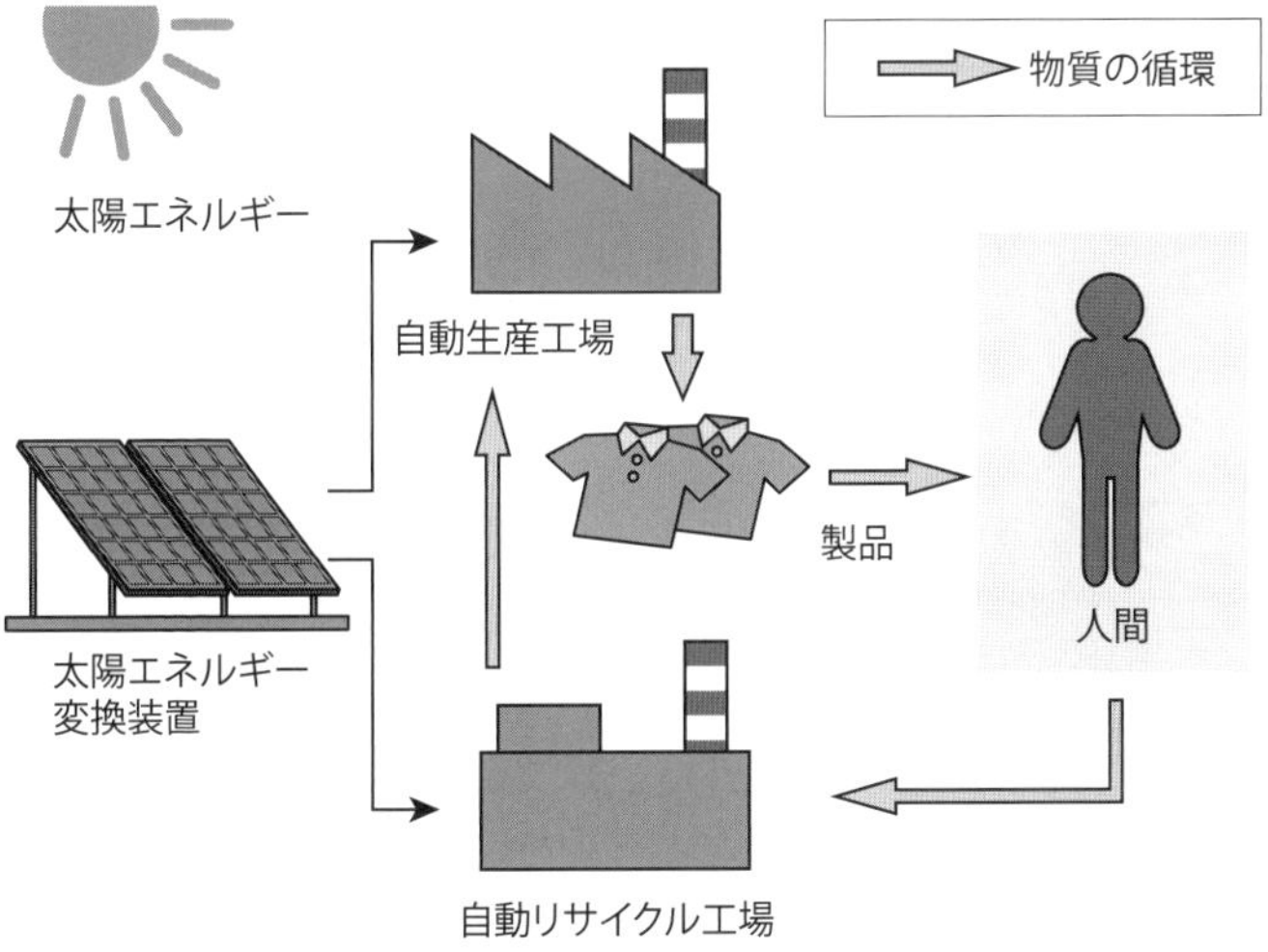

図13　人工的な完全自動生産システム

みう「言われてみると、確かにその通りなのです。昔から人間は大自然の恵みをいただいて生活してきたのです。海の幸や山の幸は人間じゃなくて、大自然が作り出したものなのです。人の手が加わる部分もあるけど、基本部分は自動的に生み出されていることと同じなのです」

神様「そういうことじゃ。大自然にも『生産システム』があると考えることができる。そのシステムが誰の手を借りずとも多くの富を生み出しておるのじゃ。（図12）自然のシステムでは太陽エネルギーが植物やプランクトンを育て、それを食べて家畜や魚が育ち、それを人間がいただいておる。その人間の排泄物はバクテリアが分解して植物やプランクトンが利用できる栄養分に戻す。巨大な循環システムじゃ。本来であれば自然が生み出す富はすべての人に平等に分配されるのが当たりまえなのじゃが、いわゆる「所有権」によって成り立っている現代社会ではそう簡単ではない。

このような自然のシステムと同様に、テクノロジーの進化した未来社会になると、誰の手を借りずとも富を継続的に生み出すことのできる人工的な巨大システムが出来ると予測できるじゃろう。（図13）

このシステムでも太陽エネルギーが主なエネルギー源となるはずじゃ。そのエネルギーを活用して人工知能やロボットの働く自動生産工場が様々な製品を生産するようになる。食料も衣類も住宅も、人々の生活を支えるために必要なほとんどすべての財を自動生産するようになる。そしてそれらの財は人間に消費される。廃棄物や不要になった製品は自動リサイクル工場に送られて再び資源の形に戻され、新たに製品を製造するために用いられる。自動的に富を与えてくれる人工システムができあがるのじゃよ。そうなれば人間は自動生産システムが自動的に生産した富をいただくだけでよい。現代の経済は通貨によって富を分配する貨幣経済じゃから、自動生産された富を人々に分配するには、おカネを分配すれば良いのじゃ」

みう「う〜ん、でも遠い未来の話のような気がするのです」

神様「ほっほっほ、完全にそうなるのは遠い未来かも知れないが、未来のある時点で突然そうなるわけではない。徐々にそれに向かって社会システムが変化するということじゃ。**じゃから人工知能やロボットによる自動生産の成果は、いまから人々に徐々に分配されるべきだということじゃよ**」

ばらまきマン「はっはー（神様にしゃべらせたらオレの出番がなくなるだろ）、でもここで大きな問題になるのが『所有』の考え方なんだ。これまでの人間の歴史では、土地や工場といった『生産手段』の所有者が生み出される富のほぼすべてを独占してきた。賃金として労働者に分配されてはいるが、それは所有者が自分の富を労働者に分配しているに過ぎないのであって、分配前の段階ではすべての生産物は所有者のものだ。とはいえ、テクノロジーが未熟だった時代において労働力は希少資源であり、所有者が富を労働の『代価』として分配するシステムは、市場原理を通じて労働力の最適分配を実現してきた。ゆえに労働が富の大部分を生み出していた時代にあっては、問題が大きいものの、このシステムはそれなりに機能してきた。

ところが、生産手段（自動生産工場など）が労働力を必要とせず、完全自動で大量の富を生産する未来においても、そのすべての富が生産手段の所有者のものだったらどうなるか。生み出された富は所有権を持つ富裕層以外の誰にも渡らない。そもそも労働の代価として労働者に与えていた富だから、労働を必要とすることなく財が生産されるようになれば、誰にも富は渡らない。つまり『生産手段の所有』の考え方が根底から矛盾を生み出す原因であることがわかる。

とはいえ、現代社会はすべての『生産手段の所有』を前提として動いているため、所有の概念をひっくり返せば社会が大混乱になるのは必至だよ。それこそ共産主義革命みたいな騒ぎになる。そんなことをする必要はないんだ。**ベーシックインカムを導入すればいい。そうすれば生産手段の所有の概念を根底から否定することなく、多くの人々にテクノロジーの進化の恩恵を分配することができる**」

みう「暴力革命は反対なのです、平和的に改革するのです。世の中をひっくり返さなくても、おカネを配ればそれで済むのです」

ばらまきマン「昔から人間は桃源郷（ユートピア）を思い描いてきた。それは温暖な気候、肥沃な大地、そして豊かな自然の恵みの中で、苦しむことなく幸福に人生を謳歌できる世界だ。山には果実、野原には山菜、川には魚、海には貝などが豊富にあって、それらをいただいて生活する。**それらはみんなが生活するために十分にあるから誰のモノでもなく、みんなのモノ。限られた富を争って奪い合うこともない。**そうした桃源郷の世界は昔からの人々の夢だったが、永遠の夢に過ぎないと思われた。しかしテクノロジーの進化は、その夢を実現に向けて大きく前進させつつあると思う。**機械が自動的に生み出す富を、社会に、人々に、自然に対して謙虚な気持ちで感謝しながらいただく。**もちろん明日にすぐ実現する話じゃない。しかしロードマップを描き出せる段階まで来た。ユートピアのビジョンをしっかり持って前に進むべきだよ」

持続可能なベーシックインカム

神様「わしゃ最近、体調が悪くてのう（げほげほ）。魚も木材も鉱物も、強欲な人間が好き放題に取っておるので調子が悪いんじゃ。わしが体調を崩すと自然のシステムが狂ってしまう。わしが以前に風邪をひいたときは、北海道のニシンが全滅した。最近は腰痛がひどいから、もっと悪いことが起こりそうな気がするのじゃ。うなぎが全滅するのは当然じゃが、大干ばつとか起こるかも知れんな。とてもこのままじゃ体調を維持できない。ベーシックインカムどころではなくなるかも知れんのう」

みう「ひええ、大変なのです、大変なのです。ベーシックインカムどころでなくなると困るのです。だれか神様を助けるのです。カシコミカシコミ、ナンマイダ、アーメン」

ばらまきマン「はっはー（いや、笑い事じゃないぞ）、いくらベーシックインカムが実現しても、地球や自然が破壊されてしまったらそれどころじゃなくなる。つまりベーシックインカムを考える上で、社会の持続可能も同時に考える必要があるんだ。どうすれば未来永劫にベーシックインカムを維持できるか、さらには人々の生活を未来へ向かって向上し続けることができるか」

みう「ふっ、私はすでにわかったのです。リユースとリサイクルなのです。持続可能社会と言えばリユースとリサイクルだとテレビでも報道しているのです」

ばらまきマン「はっはー、確かにそのとおりだ。リユースとリサイクルが重要になる。まずリユースと言えば、耐久性に優れた製品を生産し、それを長く大切に利用すれば新たに生産する製品の量を減らすことができる。それは資源の節約に繋がる。ベーシックインカムのなかった時代は、世の中のおカネを強制的に回すために大量生産・大量消費を余儀なくされてきたが、ベーシックインカムが制度化されれば必要以上に生産・消費する必要はなくなる。大量生産・大量消費を止めると企業の売り上げは伸びなくなるかも知れないが、ベーシックインカムがあるので人々の生活が貧困化する心配はない。

リサイクルも重要だ。日本ではゴミの分別回収制度や家電リサイクル法などによって資源のリサイクルが進められている。とはいえ、まだまだ十分とは言えない。日本では資源がどれくらいリサイクルされているだろうか。平成26年度版環境白書において、製品の種類別に再利用率見ると、スチール缶やアルミ缶は約9割以上、プラスチック類など約8割、家電製品（リサイクル法対象）約8〜9割、建築系廃棄物約9割など高い再利用率を示している。これだけ見ればリサイクルは十分に進んでいるように感じるが、社会全体の資源で見れば再利用率はまだまだ十分とは言えない。

同じく環境白書によれば、平成23年のデータとして、経済活動に投入された1年間の資源の量（輸入資源・国内資源の合計）は15・7億トンであり、そのうち循環利用（リサイクル）された資源は2・4億トン（総投入量の約15・3％）に過ぎない。つまり残りの13・3億トンほどの資源を毎年新たに投入しなければならないわけだ。この13・3億トンのうち輸出として外国へ流出した物質が1・8億トン、建物やインフラとして蓄積された物質が5・1億トンあるのでこれらを除き、最終的にリサイクルされない資源は5・6億トンとなる。少なくともこれをゼロに近づける必要があるだろう」

みう「なんでリサイクル100％にならないのですか」

ばらまきマン「石油のようにエネルギー資源として輸入された資源は、燃やされてしまうからリサイクルできない。だから太陽光発電や風力発電のような自然エネルギーを利用することでエネルギー資源の輸入を減らす必要がある。太陽光発電は民主党政権の時代に『再生可能エネルギー特別措置法』を定めて強引に導入したため、国民にコストがしわ寄せされて印象が悪いかも知れない。明らかに時期尚早だった。なぜなら発電装置のコストがまだ高かったからだ。また、発電した電気を蓄電することで安定的に電力を供給するためには大容量のバッテリーも必要だったが、これもコストが高かった。しかしテクノロジーの進化や生産設備投資によって太陽光発電装置やバッテリーのコストが大幅に低下してきたため、これから本格的に導入が進むはずだ。低コスト化による一般家庭への普及がカギになると思う。

また、包装容器、包み紙のような細かい物資はリサイクルされずに燃やされてしまう場合が多い。あるいはリサイクルと言っても別のモノとして再利用されるケースがある。例えばペットボトルはリサイクルされても再びペットボトルに生まれ変わるのは一部であって、多くは作業服のような繊維製品やクリアフォルダのようなシート製品に利用されている。リサイクルを完全化するなら、廃棄物から廃棄前と同じものを作り出せなければならない」

みう「でも、いくらリサイクル技術が進んでも地球の資源は量が限られているのです。地球の人口はまもなく100億人を超えるとも言われているのです。そうした人たちがすべて豊かな生活を求めたら、資源なんかたちどころに枯渇してしまう気がするのです。心配なのです」

ばらまきマン「はっはー、それもテクノロジーで解決可能だ。確かに金属のような希少物質を資源として利用しているだけでは限界がある。簡単に言えば、そこらへんに転がっている石や土あるいは空気を資源として利用する技術が開発されれば資源が不足する心配はなくなる。

その代表的な資源は植物（バイオ）だ。石油や金属のような地下資源ではなく、植物由来の資源を利用するわけだよ。そもそも植物はその大部分が空気に含まれている二酸化炭素と水を原料として出来ているから、焼却すれば元の二酸化炭素と水に戻るし、燃え残った灰は植物を育てる肥料となる。雑木や雑草を資源に利用できれば100％リサイクルに限りなく近づく。まったく無駄がない。植物を利用した資源としてバイオプラスチックはすでに実用化され一部では利用されている。包装容器や家電製品のケース、自動車部品にも利用されているので、実用上の課題はすでにクリアされている。

あとは生産コストや原材料の供給の問題だよ。現在のバイオプラスチックはトウモロコシなど穀物を原料としているため食糧の供給と競合してしまう恐れがある。そこで今後注目されるのが、セルロース（植物繊維）を利用したプラスチック技術の開発だ。セルロースは植物体そのものを形作っている素材なので、野原の雑木や雑草のほか、稲作のワラ、野菜の枝葉、バナナの皮のようなゴミにも含まれている。こうした利用されていない資源を利用すれば、まだまだ資源を供給することが可能なんだ。

植物資源は二酸化炭素を利用しているが、二酸化炭素はどれくらいの量があるのだろうか。驚くべきことに、世界で毎年排出される二酸化炭素の量は約330億トンにもなる。単純に重さで比較は出来ないが、世界で毎年生産される粗鋼が約16億トンとされるので、資源量としては十分すぎるほどあると思う。二酸化炭素だけでなく、さらに石や岩を利用できれば金属等の希少資源を節約できる。石や岩は耐久性が極めて優れているので建築材料として有用であり、コンクリートがその代表格だ。マンションのような集合住宅ではコンクリートが多く利用されるが、戸建て住宅は今でも木造建築が主流だ。そのため住宅の耐用年数は短くなってしまう。コンクリートを利用すれば100年以上、何世代にもわたって利用することが可能になる。とはいえ現在の工法・建築材料にまだまだ改良の余地があると思う。例えば鉄筋ではなくカーボンファイバー（炭素繊維）を使えば鉄資源の節約になるし、コンクリートの劣化問題も解決可能になる。カーボンファイバーはコストの課題があるものの将来的に生産コストは低下するだろう。

大切なのは科学技術だ。科学技術が進歩すれば新しい素材が発明され生産コストも下がる。科学が必ず人々の生活を助けてくれるから未来における資源枯渇を過剰に心配する必要はないよ。でも、カネにならないという理由で学問研究がないがしろにされ、マネーゲームばかり流行して、拝金主義が横行するような現代社会の風潮が科学技術の進歩に悪い影響を与えるだろうから、そっちの方が深刻な問題だね」

みう「ん〜、でもすべての人が欲望のままに使い捨て生活をしたり、莫大なエネルギーを撒き散らしてロケットで宇宙旅行をするようになったら、資源はいくらあっても足りない気がするのです」

ばらまきマン「はっはー、そこが重要だね。どんなに科学技術が進化しても世界１００億人が宇宙旅行なんかしたら、それだけで地球が壊れるだろう。また、海の魚やカニのように養殖するのが難しくて自然の力に任せるしかない資源もある。これらは科学技術が進化しても利用できる量は限られる。地球環境を保全するために、ひたすら質素節約して貧乏生活をする必要はないが、逆に際限なき浪費生活を送るのもおかしい。このバランス感覚がとても重要だよ。ベーシックインカムは大切だけど、おカネを配るほどに消費を増やし続けたら地球環境が破壊され資源は枯渇する。それでは今日の拝金主義社会と同じになる。

だから、人々のバランスの取れた考え方が未来の持続可能社会にとって大切であり、教育や啓蒙活動が欠かせない。ベーシックインカムは単なる通貨分配のシステムなだけであって、それを活かすも殺すも、みんなの心がけ次第って事だね」

神様「左様じゃ、人間は自分の力だけですべてを得ていると勘違いして傲慢になっておる。だがその多くはワシがすべての生き物に平等に与えておる恩恵によって支えられておるのじゃ。それら森羅万象に人間は依存しておる。それをゆめゆめ忘れるではないぞ」

（２）未来はディストピアになるのか？

富裕層による資源独占のリスク

みう「ところで映画では、ディストピアの未来が描かれることが多いのです。すべてを支配する一部の特権階級と機械に支配される貧困層の姿なのです。ベーシックインカムを実施すると、そういう超格差社会になると心配する人たちもいるのです。大丈夫なのですか？」

ばらまきマン「はっはー（映画の見すぎじゃないのか）、ベーシックインカムで超格差社会になることを懸念する人はいるね。どういうことか。たとえば支配層が悪い人たちだったらベーシックインカムをこう悪用するかも知れない。これまでの時代は富の大部分が人間の労働によって生み出されてきた。だからより多くの人間を労働させて、その成果の最上部の一番おいしいところを支配層がいただくシステムが必要だった。ところが人工知能やロボットによって世の中の富が生み出される時代になれば、こうした巨大なシステムはいらなくなる。少数の天才や秀才とロボットがあれば十分なんだ。彼らの豊かな生活にとって大衆の労働は無用であり、大衆の生存は支配層にとって資源の浪費でしかない。とはいえ戦争でも引き起こさない限り無用な人間を抹消することはできない。であれば、生かさぬよう、殺さぬような生活を与えておけば良いだろう。それがベーシックインカムだ。大衆が暴動を起こさない程度の生活を保障してやる。所得が横並びになるから不満も少ないだろう。そして科学技術の進化とロボットによる残りの恩恵をすべて、支配層で独占するわけだ。

1％の人々は残り99％の人々の住む地域から離れた、自然豊かな土地に厳重な警備に守られたユートピアを作り1％の人間の独立国家となる。彼らは政治的に99％の大衆から独立しているので税金は1円も払わないが、自らの正当性を誇示するため慈善事業と称する売名的な寄付は活発に行うだろう。彼らは有り余る資源や生産力を独占し、貴族のような生活、宇宙旅行、高度な医療、長い寿命を実現する。そして、その地域の近くには支配層の生活を支える天才や秀才のための豊かな居住地が提供される。それらの人々は最新型のロボットによるサービスだけでなく、人間による行き届いたサービスを受けることも出来る。おカネがあるからね。

人工知能やロボットを購入できるのは、個人ではなくてあくまで大企業であり資産家だ。仕事の無い人々はカネも無いからロボットなんか買うことはできない。現代社会でも生産手段（工場や生産機械）の大部分は企業すなわち資産家の所有物だが、そうした独占状態はさらに進み、生産手段はすべて1％の人々が所有するようになる。つまり99％の人たちには何の力も無い。大企業や資産家からのお恵みやお情けで生活するしかないが、これがベーシックインカムとなる。残り99％の人々は暴動が生じない程度の生活に留め置かれ、高齢化や出生率の低下で人口が減少し、地方都市を中心にしてどんどん廃れてゆく。支配層にとっては、大衆の人口が減ればムダな資源を使わなくなるから大歓迎だ。

99％の人々の生活は最低限だから贅沢は出来ないし、商品も自動生産による画一的なものばかり。ベーシックインカムの支給額をあげてくれと言えば、どれほど人工知能やロボットが進化しても、相変わらず財務省が『財源ガー』と騒いで支給額はあがらない。そりゃあ財源の本質は生産力なのだから、生産手段のほぼすべてを1％の人々が所有すれば財源など出てくるはずがない。ここに未来永劫に続く格差社会が誕生するわけだよ。

もちろん『努力が報われる開かれた社会』であることを世界にアピールするため、上層階級に上がるための道筋は残す。必死に努力して1％の支配層が望むようなサービスや製品を提供するようになれば、有用な人材であると認められ、奉仕する人としてセレブの仲間入りを果たせるわけだ」

みう「いやああ、ディストピアなのです。1％の富裕層に支配された世界なのです」

神様「ほっほっほ、人間の強欲さには呆れるばかりじゃ。それに比べて神の世界は良いぞ、ワシらには欲がまったくないので悩みもない」

みう「う〜ん、私にはそういう枯れた世界はまだ早いのです」

ばらまきマン「はっはー、もちろんコレは映画の世界の話であって、現実にそんな悪い支配層はいるはずがない（と思う）。しかし意図しなくても結果としてそのような社会になるリスクがゼロとは言えない。ベーシックインカムは単に所得を分配するだけのシステムなので、その目的は人によって違うという話はすでに説明したとおりだ。『市場原理が正しい、市場にすべて任せるべきだ』との考えを持つ人の中に、ベーシックインカムを押す人もいる。彼らは人工知能やロボットの進化を止めるべきではないと考えているだろう。彼らは機械化を進めることで企業の生産性を高め、企業収益の拡大を目指しているはずだ。それが株主利益になるからだ。とはいえ、機械化を進めれば進めるほど失業が増えることは避けられず、それを放置すると社会に不満を持ち資本主義を否定する人々が増えたり、中には機械化に反対する人々が出てくる可能性もある。これが人工知能やロボットによる生産性向上の妨げになる恐れがある。滞りなく生産性の向上を進めるためには、こうした失業者の最低生活を保障する必要がある、と彼らは考えるだろう。

この場合のベーシックインカムの目的は、人々を労働から解放したり豊かな未来社会を実現する事とはまるで関係ない。ひたすら市場原理と企業利益を推し進める目的でベーシックインカムが必要なだけだ。主目的が別でもベーシックインカムが同じ結果をもたらすなら良いと思うかも知れないが、目的が違えば同じベーシックインカムでも内容に違いが生じるため、同じ結果をもたらすとは限らない。

例えば最も大きな違いとして考えられるのが支給金額だ。もしベーシックインカムの目的が人々の豊かな未来社会の実現にあるなら、支給額は最低水準に留まることなく、年月と共に徐々に増加し続けるはずだ。科学技術の進歩によって生産能力や資源の供給力が拡大するほど人々の生活が向上するからだ。しかし、**単に市場原理を推し進め余剰となった労働力を生産現場から追い出すことを目的とするなら、ベーシックインカムの支給額をあくまでも最低限度に制限しようと主張する人がいるかも知れない。**もしそんな事をすれば、時間と共に企業などを所有する社会の支配層１％と残り99％の人々の格差は無限に拡大することになる。**ベーシックインカムが格差社会をもたらすかどうか、それは支給額に関する考え方次第だと思う**」

みう「科学技術の進歩によって人々の生活は向上するはずなのです。ベーシックインカムを導入してそうならないなら、基本的にやり方がおかしいのです。やり方が正しければベーシックインカムが格差社会をもたらす心配はないのです」

緊縮型ベーシックインカムのリスク

ばらまきマン「ベーシックインカムには目的によって様々な考え方がある。だから同じベーシックインカム社会でも今説明したように生産手段の独占を通じて1％の支配層と99％の人々の格差が無限に拡大するようなリスクもある。また、それとは違う側面から人々の生活を停滞させるベーシックインカム社会のリスクもある。それをオレは緊縮型ベーシックインカムと呼んでいるんだ」

みう「緊縮型のベーシックインカムって何なのですか」

ばらまきマン「この緊縮型ベーシックインカムは、どちらかと言えば左派的な価値観あるいは財政均衡主義と深く関係していると考えている。しかも日本ではこの両者が結びつくような動きすらあるから驚きだ。それぞれの考え方を順にみていこう。

左派的な価値観を持つ人の中には『平等に貧しくなろう』という人がいる。少子高齢化社会になった日本はもう経済成長しない（生産力が増えない）、これからは貧しい社会になる、だから限られた財を奪い合うのではなく、平等に分け合って共に貧しい社会で生きようという話だ。ネットの反応を見ても、平等なら貧しくなっても良いと考える人がいる。こうした人々はむしろ貧しくなることに喜びを見出しているような気さえする。貧困＝善であり、裕福＝悪であるとする価値観があるようだ。強きをくじき弱きを助ける精神は素晴らしいかも知れないが、価値観の逆転までいくと行き過ぎだ。あくまでも裕福＝善であるべきなのだ。どれほど平等であっても貧困は悪だ。

人工知能やロボットが活躍する社会では富の大部分を機械が生産するため、少子高齢化により労働年齢人口が減少しても生産力は減らない。高齢化による労働年齢人口の減少率は年間1％程度だが、機械化による生産性の向上はそんな程度ではない。一台の機械が平気で10人分の仕事をすることも珍しくない。また人間とちがって機械はいくらでも数を増やすことができる。少子高齢化で日本が貧しい社会になる必然性はまったく無いのだ。

また環境問題に関心のある人々の中には、贅沢な暮らしが地球環境を破壊していると考える人もいるだろう。確かにカネを回すためだけに行われる大量生産・大量消費の経済は間違っている。しかしムダに大量生産しなくとも十分に豊かな生活を送ることは出来るはずだし、テクノロジーの進化が完全リサイクルや新たな資源を提供してくれる。貧乏生活をすれば地球環境が守られるわけではない。

こうした左派系の人々はベーシックインカムを、あくまでも平等を実現するためのもの、格差をなくすためのものだと考える傾向があるようだ。そのため裕福さの追求には関心が低く、むしろ日本全体が清貧であることを積極的に望んでいるようなきらいがある」

みう「貧しい人は幸いでもないし美しくもないのです。私は平等に貧困な社会なんて絶対に嫌なのです。地球環境に無理のない範囲で、みんなが裕福になる社会を目指すのがあたりまえなのです」

ばらまきマン「また今日における財政均衡主義の考え方も、ベーシックインカム社会を貧しいものにしてしまうリスクがある。財政均衡主義とは政府の財政支出（社会福祉事業や公共事業など）の総額を税収の範囲に抑える考え方だ。これを簡単に言えば、収入と支出のバランスを保ち、借金によらない財政運営をすることなので、家庭の一般常識から言えば正しく見える。しかし政府財政はマクロ経済であり、家庭のように収入と支出を別々に考えるべき世界ではない。おカネは循環しているからだ。

財政均衡主義の立場からベーシックインカムの財源を考えた場合、消費税や所得税を財源にすべきだと主張する人が大部分だろう。消費税や所得税は循環するおカネ（フロー）に課税する税方式であり、おカネが賃金や売買によって動くときに課税される。従って消費税や所得税の税収額は循環する通貨の量に依存する。

ところで、人工知能やロボットが進歩するほど人手が余るようになる社会では賃金が低下し、失業者も増加することになる。そうなれば企業から家計に支払われる賃金は徐々に減ることになる。家計の所得が減るのだから所得税や消費税による税収は必然的に減り続ける。つまり技術的失業の増加につれて税収は必ず減少し、最終的にはどれほど税率を高めても税収はゼロになる。**ベーシックインカムの財源として所得税や消費税は最初から持続不能であり、それだけで財源を考えれば財政は必ず破綻する。**従って仮に所得税や消費税を財源にする場合であっても、同時におカネを発行して循環するおカネの量を増やさねばならないことは誰にでもわかるはずだ。

ところが財政均衡主義の考え方によると、あくまでも財政支出は税収の範囲内でしか行ってはいけない。おカネを発行して財源にするなどトンでもない話だとなる。**そして、おカネを発行して財源にする手法を『財政ファイナンス』と呼び、政治家、財務省、マスコミがそろって『禁じ手だー』と猛反対しているのだ。だが、もしベーシックインカムの財源を所得税や消費税だけとするなら経済はどんどん縮小する。**ベーシックインカムとして給付されるおカネのすべてが消費されるのではなく、一部が貯蓄に回るからだ。そうなれば毎年一定の割合で循環するおカネの量が減り続けることになるため、消費が縮小し続け、経済はデフレの傾向を強め、間違いなく日本経済は再起不能になる。

現代社会では循環する通貨が減り続け、その代わりに貯蓄として死蔵されるおカネが増え続けている。そうであるなら、貯蓄として死蔵されているおカネに課税してベーシックインカムの財源とする方法も考えられる。それが金融資産課税の考え方だ。貯蓄として貯めこまれたままになっているおカネを再び循環するおカネとして投入するのだから、消費が増えて経済は活性化し、GDPも増加する。だから金融資産課税を導入してベーシックインカムの財源に組み込めば、通貨を発行しなくとも良いはずだとわかる。しかし金融資産課税は政治家、財務省、マスコミがそろって『現実的ではない』と相手にしていない。もちろんおカネを貯めこんでいる富裕層も反発するだろう。そんなわけだから金融資産課税はなかなか難しい。

通貨発行は禁じ手、金融資産課税も禁じ手、となれば打つ手がない。限られたおカネでベーシックインカムを回し続けていけば、時間と共に給付金額は先細りするしかないし、増やせと要求しても『財源がない』との答えが返ってくるだけだ。ただしベーシックインカムのおかげで所得格差だけは広がらない。その結果『平等に貧しい社会』になる」

みう「平等に貧しい社会は、一部の左派の人たちの主張と同じなのです」

ばらまきマン「はっはー、そうなんだよ。財政均衡主義のもたらす貧しい日本社会は、一部の左派の人たちが描く清貧なベーシックインカムの世界と一致する。そこで左派識者と財政均衡主義者の思惑が一致するわけだ。そのように考えると左派政党の中に『財政再建』『消費増税』を声高に叫ぶ政党があることも不思議ではない。それだけではない。この『平等に貧しい社会』は1％の支配層にとっても理想的な社会だ。99％の人々を平等に貧しくしておけば、残りの富は1％の支配層で独占できる。したがって財政均衡主義者、清貧を望む左派、1％の支配層が手を組んで、消費税の大増税による緊縮型ベーシックインカムを推進するかも知れないよ」

みう「うぎゃー、大変なのです、大変なのです。世界はディストピアに向かっているのです。神様仏様」

神様「いちいちウルサイおなごじゃのう。神の世界はいいぞ、欲がまったくないので悩みもない。どうじゃお前さんもひとつ神様にならんか。最近は神様も高齢化で人手不足なんじゃよ、そろそろ若い女神なんかが欲しいと思っておったんじゃ。ほれ」

みう「うげげ、謹んで遠慮させていただくのです」

ばらまきマン「はっはー、今のディストピアの話は冗談だよ。言いたかったのは緊縮型ベーシックインカムには気を付けるべきだということだ。すでに説明してきたけど、平等を実現するために貧乏になる必要もなければ、地球環境を守るために貧乏になる必要もない。もちろん財政のバランスを取るために貧乏になる必要もない。科学技術が進化するほど豊かな社会になるのは当然だから、緊縮型ベーシックインカムの考え方は根本的に間違っていると我々は気付くべきだし、気付かないとおかしな理屈に惑わされて本当にディストピアになりかねないから注意が必要だよ」

神様「我欲のために平気で互いを蹴落としあう人間の世界には疲れた。わしゃそろそろ帰るぞ。そう言えば、わしゃ何しに来たんじゃったかのう。おお女神のリクルートに来たんじゃったな。こっちに来たくなったら呼んでくれ、待っておるぞ」

みう「永遠に待っとれ、なのです」

（3）すぐ始められる月1万円からのベーシックインカム

ばらまきマン「じゃあ、最後にこれまでの話を簡単にまとめてみよう。これからの時代は、みんながおカネを貰える仕組み、ベーシックインカムが必要になるって話だ」

①おカネが増えなければ、経済は成長しない

今の世の中は貨幣経済だから、おカネを介して財がやり取りされることで経済が成り立っている。だから経済活動が活発になるほどおカネがたくさん必要になる。もし社会の生産力が増加して財（モノやサービス）の生産量が増えたとしても、それに見合うだけおカネの量が増えなければ経済活動は停滞してしまう。機械化や働き方改革でどれほど企業の生産力が向上しても、世の中のおカネを意図して増やさなければ経済への効果は十分に行き渡らない。従っておカネを発行して国民に給付することに意味がある。

②おカネが増えなければ、給料は増えない

企業と家計を循環するおカネによって経済活動が成り立っている。給料（賃金）として企業から家計へ流れたおカネは、消費（売り上げ）として家計から企業へ戻る。この循環するおカネがすなわち給料だ。だから循環するおカネの量が増えなければ給料が増えることはない。一方、世の中のおカネの量が増えなければ、循環するおカネも増えようがない。つまり世の中のおカネを意図して増やさなければ給料は決して増えない。ストライキをしても最低賃金を引き上げても、おカネを増やさない限り給料は増えようがない。従って賃上げの実現のため、おカネを発行して国民に給付することに意味がある。

③人工知能やロボットにより生産力は向上し続ける

社会の生産力が向上し続ける限りインフレを心配する必要はない。仮にインフレが生じても、生産力が向上し続ける限りインフレの伸びよりも所得の伸びが必ず大きくなる。これはインフレ率が高かった高度成長期と同じ理屈だ。また、少子高齢化により日本全体の総労働力は減少するものの、人工知能やロボットなど自動生産機械の技術革新により生産性は著しい向上が見込まれるため、非生産年齢人口を含む社会全体の生産力は向上し続ける。従っておカネを発行して国民に給付しても過度のインフレにはならない。とはいえ無制限の量の通貨を発行すれば高インフレを招くため、毎年の通貨発行量の調整にはインフレターゲット政策が有効だ。

④未来社会は生活のための労働が必要なくなる

人工知能やロボットが進化し続ければ人間の仕事の大部分は機械によって代替されるため、やがて生活のために労働をする必要はなくなる。それらの労力を文化、芸術、学問、スポーツ等の自発的な活動に振り向けることで人類はさらに進化する。しかし現代の社会システムのままでは、どれほど人工知能やロボットが進化しても未来永劫に人間は生活のために労働し続けなければならない。なぜなら『労働しなければ1円の所得も得られない社会システム』であるため、仕事がなくなると生活できなくなるからだ。そのためどれほど機械化が進んでも無理矢理に人間の仕事を作り出すようになる。従って『所得はすべて労働の対価である』との考えから脱却し、社会が生み出す財の量に応じて労働とは無関係に所得を分配するシステムを併用することで、シームレスに未来社会に移行することが可能となる。それがベーシックインカムだ。

⑤毎月1万円のベーシックインカムからスタートすれば良い

ベーシックインカムの導入に伴う社会の混乱を懸念する声がある。しかし毎月1万円の小額ベーシックインカムからスタートする導入方式であればこうした混乱を防ぐことが可能だ。長期的な計画に基づき、支給額を毎年1万円程度引き上げて10年程度の期間をかけて毎月10万円の支給額まで引き上げる。この方法ならば、仕事を辞める人が急に増えたり、社会保障制度が急に廃止されたり、予測不能のインフレが発生するリスクは低い。また支給額が小額であれば通貨発行だけで財源を賄うことは十分に可能であり、財源を確保するための増税によって社会や経済に混乱をもたらす心配もない。通貨の発行と給付（小額ベーシックインカム）による財政支出効果によって経済が活性化することにより、税収が自然に増加すると同時に新たな税制の導入も容易になるため、その後の財源について余裕をもって検討できる。ベーシックインカムを導入するに当たり、いきなり世の中をひっくり返す必要はない。

⑥緊縮型のベーシックインカムに要注意

ベーシックインカムは人々をユートピアに導く制度となるはずである。しかしながらベーシックインカムは必ずしも統一された一つの理念ではなく、様々な立場の人がそれぞれの立場から主張しているため、中にはディストピアに陥る危険性のある考え方も含まれている。例えば大多数の人々を最低生活に縛り付け『平等に貧しい社会』に至る考えだ。しかしこの考えは明らかにおかしい。テクノロジーが進化するほど生産性は向上し、資源供給は拡大するのだから、必然的に人々の豊かさも向上するからだ。そのためには当然ながら循環するおカネの量は増え続けなければならない。**おカネを増や**

することに反対して、あくまで税収（とりわけ消費税）だけでベーシックインカム制度を推進しようとする『緊縮型ベーシックインカム』には十分な注意が必要だ。循環するおカネを増やさなければ、どれほどテクノロジーが進化してもベーシックインカムによる人々の生活は最低水準のままで留め置かれる。残りの富と資源は超富裕層に独占されてしまうことになる。従ってベーシックインカムの支給額はテクノロジーの進化（生産力と資源供給力）に応じて増額され続けるべきある。これは税収に頼るだけでは決して成り立たない。

みう「うれしいのです。ベーシックインカムの話を聞いて、不安だらけだった私の未来に希望が生まれてきたのです。これからは失敗を恐れることなく、毎日前向きにチャレンジして生きていけるのです。やる気が出てきたのです」

デフレ博士「欲望を押し殺して老後のためにおカネを貯めて、ケチケチつまらない人生を送るのはバカバカしいと悟ったのじゃ。死ぬまで働き続けるなんて、何のために生まれてきたのか疑問じゃわい。楽しんでこその人生じゃ。ワシはまだまだ枯れては居らんぞ。わはは」

労働宣教師「働くことの尊さは、おカネを稼ぐことから生まれるのではなかったざます。代価を求めない労働にこそ、何者からも制約を受けることのない真の労働の価値があるのです。自らを高め、他人に感謝され、尊敬を集める人間になるためにこそ、私のキャリアは活かされるのです。ますます働く気力が湧いてきたざます」

ばらまきマン「はっはー、みんなその通りだね。もちろん我々がベーシックインカムの時代を迎えることができるのはご先祖さまの血の滲むような努力があっての事だから、今の時代に生まれたことを素直に感謝しなければならない。だから謙虚さが必要だ。とはいえ昔の人と同じ苦労をする必要はないし意味もない。これからは生活費（カネ）を稼ぐためじゃなく、自分をより高めるために苦労すべきだよ。もちろん苦労しなくてもいい。

ベーシックインカムが実現すれば「おカネに縛られた見せ掛けの自由」じゃなくて『本当の意味での自由』が得られるんだよ。そんな自由社会を目指して今からすぐにスタートしよう。毎月1万円から着実に始めれば、ベーシックインカム社会は必ず実現できる」

嬉しいのです。ベーシックインカムの話を聴いて、不安だらけの私の未来に希望が生まれたのです。

これからは失敗を恐れず、毎日、前向きに生きていけるのです。

若者が希望を持てる社会はすばらしい。明るい未来じゃ。

ワシも悟ったのじゃ。毎日働いて、老後のために楽しみを削って、おカネを貯めるだけの人生は悲しすぎる。

楽しんでこそのカネじゃ。まだまだワシは枯れておらんぞ。

そうなのです。

楽しむだけじゃないざます。

働くことの尊さも高められるざます。

おカネのためでなく代価を求めない労働にこそ、真の労働の尊さがあるのです。

はっはー みんなその通りだね。今までの自由とは「見せかけ」に過ぎなかった。ベーシックインカムによって、本当の自由を手に入れることができるんだ。

焦ることはないよ。毎月1万円の少額ベーシックインカムから始めれば、自由な社会は必ず実現できる。

参考資料

（※1）図1・2・3・5・11のグラフデータの出典

〈GDP、経済成長率、名目雇用者報酬、マネーストック、消費者物価指数〉

内閣府　日本経済2016-2017　長期経済統計

http://www5.cao.go.jp/keizai3/2016/0117nk/n16_6_data00.html

〈マネタリーベース〉

日本銀行　日本銀行関連統計

https://www.boj.or.jp/statistics/boj/other/mb/index.htm/

〈税収および歳出〉

総務省統計局　統計データ　日本の長期統計系列　財政

http://www.stat.go.jp/data/chouki/05.htm

（※2）日本の労働人口の49%が人工知能やロボット等で代替可能に（野村総合研究所）

https://www.nri.com/jp/news/2015/151202_1.aspx

（※3）賃上げならロボ導入？　米マクドナルド「時給15ドルの戦い」（日経新聞）

https://www.nikkei.com/article/DGXLASDZ27H3C_X20C16A5000000/

（※4）我が国社会保障制度の構成と概況
http://www.mhlw.go.jp/stf/shingi/2r98520000022c32-att/2r98520000022c6b.pdf

（※5）民間給与実態統計調査　平成27年（国税庁）
https://www.nta.go.jp/kohyo/tokei/kokuzeicho/minkan2015/minkan.htm

（※6）平成17年版国民生活白書「子育て世代の意識と生活」第二章第一節　内閣府
http://warp.da.ndl.go.jp/info:ndljp/pid/9990748/www5.cao.go.jp/seikatsu/whitepaper/h17/10_pdf/01_honpen/pdf/hm020100.pdf

（※7）女性が結婚相手に求める年収、1位は？（マイナビニュース）
http://news.mynavi.jp/news/2016/06/28/357/

（※8）厚生労働省・平成27年賃金構造基本統計調査
http://www.mhlw.go.jp/toukei/itiran/roudou/chingin/kouzou/z2015/index.html

（※9）平成26年版 犯罪白書　窃盗事犯の増減と雇用情勢・少子高齢化との関連性
http://hakusyo1.moj.go.jp/jp/61/nfm/n61_2_6_2_2_1.html
（※10）平成17年度「自殺の経済社会的要因に関する調査研究報告書」内閣府
http://www.esri.go.jp/jp/prj/hou/hou018/hou18.pdf

〔著者紹介〕

駒田 朗（こまだ あきら）
社会システム観察家・作家

1963年北海道生まれ。北海道大学水産学部増殖学科卒業。大手製薬会社、建材メーカー等に勤務。2008年、リーマンショックの余波により勤務先会社の倒産を経験しマクロ経済に強い興味を持つようになる。

以後、常識に囚われない視点から社会システムの分析を重ね、2014年頃より執筆活動を開始。バブルやデフレの心配がない理想的な経済システムについて考察を続けている。テーマは主にベーシックインカム、通貨制度改革など。インターネットでの発信に力を入れており、ネコでもわかる経済問題（ブログ編：http://noranekoma.blogspot.jp/）（サイト編：http://sites.google.com/site/nekodemokeizai/）、ツイッターのハンドルネームは「のらねこま」。

著書に「金融緩和の天国と地獄」「拝金主義グローバリズム」（電子書籍：のらねこま）がある。

新版

最強のベーシックインカム

AIとロボットが働く時代のおカネのシステム

著　者　駒田　朗
発行日　2019 年 7 月 28 日
発行者　高橋　範夫
発行所　SIBAA　BOOKS（青山ライフ出版株式会社）
〒 108-0014　東京都港区芝 5-13-11 第 2 二葉ビル 401
TEL　03-6683-8252　FAX　03-6683-8270
http://aoyamalife.co.jp info@aoyamalife.co.jp

発売元　株式会社星雲社
〒 112-0005　東京都文京区水道 1-3-30
TEL　03-3868-3275　FAX　03-3868-6855

イラスト / 装幀　溝上なおこ

印刷 / 製本　創栄図書印刷株式会社

ISBN978-4-434-26433-7